Peter Brannath

Seebacher

Peter Brannath

Seebacher

Nadel im Heuhaufen

Shaker Media

Bibliografische Information der Deutschen Nationalbibliothek
Die Deutsche Nationalbibliothek verzeichnet diese Publikation in der Deutschen Nationalbibliografie; detaillierte bibliografische Daten sind im Internet über http://dnb.d-nb.de abrufbar.

Printed in Germany.

ISBN 978-3-95631-243-4

Shaker Media GmbH • Postfach 101818 • 52018 Aachen
Telefon: 02407 / 95964 - 0 • Telefax: 02407 / 95964 - 9
Internet: www.shaker-media.de • E-Mail: info@shaker-media.de

Liebe Leserinnen und Leser,

zu Beginn dieses Fußballkrimis, möchte ich Sie auf folgende Punkte hinweisen, die mir sehr wichtig sind:
Um möglichst wirklichkeitsnah zu schreiben, habe ich einen realen Verein - die Frankfurter Eintracht - als Gegner des Sportclubs Freiburg ausgewählt. Der Grund hierfür ist, dass zwei Spieler von Freiburg nach Frankfurt abgewandert sind, was im Buch für Spannungen im Stadion sorgt. Ein erfundener Gegner hätte der Geschichte den Bezug zur Wirklichkeit genommen.
Ich möchte aber betonen, dass ich den Verein Eintracht Frankfurt sehr schätze und mit den Frankfurter Fans bisher nur gute Erfahrungen gemacht habe.
Was die Namen der Romanfiguren angeht, so verwende ich zum Teil echte Namen von Spielern, den beiden Trainern und einigen Mitarbeitern des Sportclubs, alle anderen sind frei erfunden.
Sämtliche gewaltbereiten Figuren im Roman sind ebenfalls frei erfunden, Ähnlichkeiten mit realen Personen sind zufällig und nicht beabsichtigt.
Schließlich möchte ich mich bei den Mitarbeitern des SC Freiburg herzlich für ihre Hilfsbereitschaft bedanken. Ganz besonders sei hier Herr Rudi Raschke genannt.

Und nun wünsche ich viel Spaß beim Lesen und spannende Unterhaltung! Peter Brannath

Nadel im Heuhaufen

1
März 2001

Sie waren immer noch nicht am Boden angekommen und schwelgten im Glück.

Unfassbar, wie der SC die Frankfurter heute vom Platz gefegt hatte!

Fünf zu zwei! Selbst die größten Optimisten hätten nicht geglaubt, dass der Sportclub den Rivalen aus Hessen derart deklassieren würde.

Die sechs jungen Freiburger waren singend und jubelnd vom Stadion zu Fuß in die Stadt hinunter-gewandert und prosteten den vorbeifahrenden Autos und Straßenbahnen grölend mit ihren Bierflaschen zu. Als sie an den Werbeplakaten an der Außenwand der Brauerei Ganter entlangzogen, kamen die Autos auf der Schwarzwaldstraße direkt daneben auch nicht mehr schneller voran, denn der Rückstau reichte jetzt schon bis zur Maria-Hilf-Kirche hinauf.

In einem vollbesetzten Kleinbus saßen stinksaure Frankfurt-Fans, die beim Anblick der fahnenschwenkenden Freiburger auf dem Gehweg mit den Fäusten gegen die Scheiben schlugen und ihre Wut herausschrien.

Der Fahrer wechselte plötzlich auf die linke Fahrbahn und bog an der Ampel links in die Talstraße ab. Hier fand er gleich einen freien Parkplatz und hielt an.

„Los! Die mischen wir auf!“, brüllte er und stieß die Tür auf. Die Schiebetür hinten öffnete sich und seine Kumpane sprangen heraus.

Der bullige Fahrer wollte eben die Tür zuschlagen, als er den Baseballschläger hinter dem Sitz erblickte. Den hatte er ja ganz vergessen! Er grinste gemein.
„Ist doch gut, wenn man auf alles vorbereitet ist“, sagte er zu sich und zog den Prügel heraus.
Zuerst wollten sie die überfüllte Schwarzwaldstraße überqueren, doch dann entdeckte einer die Unterführung, die zu den Straßenbahnhaltestellen und auf die andere Straßenseite führte, und schrie: „Hier rüber, das geht schneller!“
Die acht Männer rannten durch die Unterführung und kamen auf der anderen Seite der Schwarzwaldstraße im Rücken der Freiburg-Fans auf den Gehweg hinauf. Sie banden ihre Schals um den Mund und stürmten auf die höchstens sechzehnjährigen Fans los, doch einer hatte sie gesehen und warnte die anderen. Es entspann sich eine Schlägerei, die aber nur von kurzer Dauer war, denn die Teenager waren den mindestens fünf Jahren älteren Frankfurtern körperlich weit unterlegen. Es ging ganz schnell. Die Freiburger lagen stöhnend am Boden, noch bevor ihnen aus den stehenden Autos jemand zu Hilfe kommen konnte.
Nur der kleine Schwarzhaarige mit der Fahne schaffte es, sich seinem Gegner zu entwinden und mit dem Wahrzeichen seines Fanclubs zu flüchten. Doch er traf eine fatale Entscheidung: Er rannte zurück in die Unterführung. Sein Zuhause war in der Wiehre und genau dorthin trieb es ihn jetzt instinktiv.
Die ganze Meute Frankfurter verfolgte ihn, allen voran der bullige Fahrer mit dem Baseballschläger, der die anderen um mindestens einen Kopf überragte.

Der Freiburger war schnell, doch die Fahne behinderte ihn beim Rennen und unter den Verfolgern war ein guter Läufer, der ihn ungefähr in der Mitte der Unterführung einholte und zu Fall brachte.
Der Junge, er hieß Patrick Bast und war gerade sechzehn Jahre alt geworden, griff nach der Fahne und wollte sich eben wieder aufrappeln, als der Fahrer mit dem Baseballschläger ausholte und ihn mit einem einzigen Schlag niederstreckte.
Einer der Frankfurter schnappte sich die Freiburger Fahne und schrie: „Los, weg jetzt!“
Sie rannten weiter zu ihrem Bus in der Talstraße, stiegen eilig ein und fuhren davon.
Von den Zeugen war später niemand in der Lage, der Polizei das Kennzeichen des Kleinbusses zu nennen, denn die Autofahrer in der Talstraße, die die einsteigenden Frankfurter beobachteten, hatten von der Schlägerei drüben in der Schwarzwaldstraße gar nichts mitbekommen und dem Vorgang deshalb keine große Beachtung geschenkt.

Passanten riefen sofort einen Krankenwagen, der Patrick in die Uniklinik brachte, und die Polizei fahndete auf der ganzen Strecke von Freiburg bis Frankfurt nach einem weißen Kleinbus mit Frankfurt-Fans.
Für Freiburg war dieser Vorfall eine einzige Katastrophe, denn die Hooligans wurden nicht gefasst. Patrick war von diesem Tag an querschnittsgelähmt und an den Rollstuhl gefesselt.

2
Montag, 23. September 2013

„Na, die Woche fängt ja gut an“, dachte Seebacher, als Großkopf am Montagmorgen mit einem Papier herumfuchtelnd in sein Büro stürzte. Das kam nur selten vor, da der Chef bei Bedarf den Hauptkommissar lieber zu sich bestellte. Aber an dem Tag schien ihn die Anwesenheit von Norbert und Daniele, Seebachers Assistenten, nicht abzuschrecken.

„Das ist…! - Das darf doch….! Wer kann nur so etwas…!?“, hatte er gestammelt und in seiner Aufregung die Sätze noch mehr verkürzt als sonst. Gewöhnlich ließ er nur das Verb weg, jetzt aber hatte er nur noch Satzfetzen ausgespuckt und Seebacher war einigermaßen beunruhigt.

„Was ist denn los, Herr Großkopf?“

Seebacher stand auf und bot dem Kriminalrat seinen Platz an. Der ließ sich in den Sessel fallen, dass er ächzte, und starrte auf das Papier in seiner Hand. Seine Schultern hoben und senkten sich, was Seebacher irgendwie an einen Maikäfer kurz vor dem Start denken ließ.

„Ein anonymer Brief“, begann er aufgeregt und wedelte mit dem Blatt.

„Aha“, erwiderte Seebacher. „Und was ist daran so Besonderes? Davon flattern doch ständig Unmengen ins Haus und wandern direkt in den Papierkorb.“

Statt zu antworten reichte ihm sein Chef das Papier und machte dabei ein derart bekümmertes Gesicht, als händige er Seebacher gerade seine Kündigung aus. Es war ein anonymer Brief, gerichtet an Kriminalrat Großkopf.

Seebacher las laut, so dass auch Daniele und Norbert es hören konnten:
„Im Spiel gegen Frankfurt werde ich endlich Vergeltung üben, und ihr werdet mich nicht daran hindern können! Dieser Fall wird hohe Wellen schlagen, denn es wird nicht bei einem Krüppel bleiben - wie damals, im März 2001!"
Nachdenklich starrte Seebacher einen Moment lang auf das Blatt, dann meinte er: „Ich verstehe. Dieser Brief ist nicht wie die anderen. Der Hinweis auf ein Ereignis im Jahr 2001 ist sehr konkret. Wissen Sie schon, was im März 2001 vorgefallen ist?"
Großkopf schüttelte den Kopf, die Lippen fest zusammengepresst.
„Wurde der Brief untersucht? Irgendwelche DNA-Spuren? Kam er per Post? Vielleicht hat der Absender die Briefmarke oder den Umschlag mit der Zunge befeuchtet? Besonderes Papier, Druckbild und so weiter?"
Gespannt blickte er Großkopf an.
„Der Brief kam per Post. Das hier ist natürlich nur eine Kopie. Das Original ist bereits im Labor, dort wird das alles untersucht."
„Wo wurde der Brief abgestempelt?", wollte Norbert wissen.
„Hier in Freiburg", erwiderte Großkopf und sah den schwarzhaarigen Hünen mit Schnauzbart, der ihm immer ein bisschen unheimlich war, erstaunlicherweise direkt an. Aber dann erschrak er wohl doch über seinen eigenen Mut und wandte den Blick schnell zur Seite. Schließlich erhob er sich und meinte: „Nun ja, ich kratze jetzt die Fliege. Die Kopie lasse ich Ihnen hier, damit Sie schon mal darüber

nachdenken können, was zu tun ist. Was 2001 passiert ist, finden Sie ja sicher schnell heraus."

Damit öffnete er die Tür und war verschwunden.

Norbert sah Seebacher mit bösem Grinsen an und frotzelte: „Er kratzt die Fliege. Das ist wirklich eine sehr schöne und sehr seltene Redewendung. Und da kann man sich auch richtig etwas drunter vorstellen, findest du nicht?"

Daniele lachte und meinte: „Als Kind habe ich statt „VW" auch immer „Hau weh" gesagt."

„Aber damals warst du ein Kind und kein ausgewachsener Kriminalrat", entgegnete Norbert mit einem Gesicht, als hätte ihm jemand eine Zitronenscheibe in den Mund gesteckt.

„Es ist zwar noch nicht Winter, aber ich denke, wir sollten mal wieder zu einem ‚Spinnstubengespräch' zusammensitzen", brachte Seebacher seine Kollegen zurück zum Thema.

Gemeint war das Sammeln von Ideen in entspannter Atmosphäre, bei einer Tasse Tee oder Kaffee und allen Freiräumen für die Phantasie - im modernen Sprachgebrauch auch unter dem Namen „Brainstorming" bekannt. Am liebsten machten sie das, wenn es draußen schneite, aber der Regen, der heute vom Herbststurm an die Scheiben gepeitscht wurde, bot auch eine stimmungsvolle Kulisse.

3
November 2004, Frankfurt am Main

Sie waren zwar schon vor einiger Zeit von Hamburg nach Frankfurt gezogen, aber Melanie konnte sich einfach nicht mit der Eintracht anfreunden. Ihr Herz schlug nach wie vor für den HSV, zu dem sie ihr Vater immer ins Stadion mitgenommen hatte.
Für das Heimspiel der Eintracht gegen Hamburg hatte sie noch eine Karte bekommen. Ihr Vater war krank geworden, aber sie wollte unbedingt mal wieder „ihre“ Mannschaft sehen und so saß sie nun allein mitten im Frankfurter Block auf der Tribüne, den HSV-Schal unter der geschlossenen Jacke versteckt. Das Spielfeld war hell erleuchtet und ein eisiger Wind strich durchs abendliche Stadion. Es war englische Woche und der Heimspieltermin am Mittwochabend war günstig, denn donnerstags hatte sie erst um halb neun Schule.
Offen für den HSV Partei zu ergreifen, wagte sie nicht. Vorsichtig blickte sie nach rechts und nach links, immer darauf bedacht, dass ihr Schal nicht über den Kragen herausstand.
Das Spiel verlief zunächst unspektakulär, doch als gegen Ende der zweiten Halbzeit der HSV den Führungstreffer erzielte und ihr direkter Nachbar jubelnd hochsprang, konnte auch sie ihre Begeisterung nicht mehr unterdrücken. Sie riss die Arme nach oben und sprang in die Höhe. Der Torjubel der HSV-Fans legte sich wieder und sie sah sich ängstlich um. Die Männer, die hinter ihr saßen, nickten freundlich und einer meinte: „Du kannst deinen Schal ruhig über die Jacke

legen, das ist schon in Ordnung. Wenn wir so weiter spielen, habt ihr es verdient zu gewinnen."

Sie lächelte, öffnete die Jacke und hob den Schal aus dem Kragen heraus. Der Mann neben ihr, der bei dem HSV-Tor zuerst aufgesprungen war, lächelte sie ebenfalls an und streckte den Daumen in die Höhe.

Im Spiel passierte nicht mehr viel, denn die Frankfurter brachten keinen vernünftigen Angriff zustande und der HSV beschränkte sich auf Verteidigung mit gelegentlichen Konterangriffen.

Beim Abpfiff schimpften die Frankfurter Fans und pfiffen ihre eigene Mannschaft aus. Sehr schnell leerte sich das Stadion, nur die eingefleischten Fans auf den Stehplätzen blieben und sangen Schmählieder auf ihren eigenen Verein samt Trainer.

Melanie blieb auch noch, denn sie sah, dass sich einige HSV-Spieler von ihren Fans bejubeln ließen, und beobachtete begeistert das Schauspiel. Als alle Hamburger vom Feld gegangen waren, machte auch sie sich auf den Nachhauseweg.

Sie wollte jetzt schnell heim und so nahm Melanie eine Abkürzung hinüber zur Bushaltestelle. Es war ein schmaler Weg, auf dem nicht mehr viele Fans unterwegs waren. Sie beschleunigte ihre Schritte, dass der Kies unter den Schuhsohlen knirschte, denn ganz wohl war ihr in der Dunkelheit nicht. Vor ihr war eine Gruppe von vier Frankfurt-Fans stehengeblieben, drei der stark alkoholisierten Männer standen am Wegesrand und pinkelten.

Melanie beeilte sich, an ihnen vorbei zu kommen, doch als sie sie beinahe passiert hatte, hörte einer ihre Schritte, drehte sich um und rief: „He, schaut mal! Die hat's aber eilig!"
Die vier umringten das Mädchen und ein vierschrötiger Blonder trat ganz nah an sie heran.
„Na, du kleine HSV-Schlampe, wohin so spät am Abend?"
„Ich muss nach Hause", erwiderte Melanie mit zitternder Stimme und sah sich ängstlich um, doch es waren keine weiteren Fußgänger in Sichtweite.
„Du bist ja heute schon fast auf deine Kosten gekommen, was?", fuhr der Typ fort.
„Ich glaube, die hat's auf dich abgesehen", sagte ein anderer und schallendes Gelächter brach aus.
„Ja, das Gefühl habe ich auch", meinte der und verpasste Melanie eine Ohrfeige, so dass das völlig unvorbereitete Mädchen zu Boden fiel. Die anderen packten sie und zerrten sie ins Gebüsch. Als sie anfing zu schreien, schlug ihr einer mit der Faust in die Magengrube. Ihr wurde schlecht und sie musste sich übergeben.
Was nun geschah, war ein Alptraum für das Mädchen: Es wurde von den Männern vergewaltigt und lag dann mehr als eine Stunde wimmernd im Gebüsch, wo es von anderen Stadionheimkehrern gefunden wurde.

4
Montag, 23. September 2013

„Fangen wir mit der Sprache an“, begann Seebacher, als es sich Daniele und Norbert - jeder eine dampfende Tasse Kaffee vor sich - in ihren Sesseln gemütlich gemacht hatten. Der Regen prasselte noch immer auf die großen Scheiben ihrer Bürofenster.
„Mir fällt seine Ausdrucksweise auf. Er schreibt: ‚Ich werde Vergeltung üben‘, und nicht: ‚Ich werde mich rächen‘. Ich finde, ‚Vergeltung üben‘ klingt eleganter, gebildeter. Und außerdem schreibt er ‚Ihr‘ groß, wie das früher in Briefen üblich war, und macht vor dem ‚und‘ ein Komma, weil danach ein vollständiger Satz kommt. Was ich sagen will: Ich glaube, der Mann, es könnte auch eine Frau sein, ist nicht mehr ganz jung, besitzt eine höhere Schulbildung und ist nicht dumm.“
„Mag schon sein“, knüpfte Daniele an, „besonders schlau scheint er oder sie aber auch nicht gerade zu sein.“
„Wieso?“, wollte Norbert wissen.
„Weil man eine Straftat nicht ankündigt, wenn man sie wirklich ausführen und nicht erwischt werden will.“
„Außer, man ist sich vollkommen sicher, dass wir, die Polizei, es nicht verhindern können“, widersprach Norbert.
„Trotzdem erschwert man sich die Sache durch die Ankündigung eines Verbrechens nur“, gab Daniele zurück.
„Ich glaube, dass unser Briefschreiber sehr gut weiß, was er tut, und sich vorher alles genau überlegt“, führte Seebacher seinen Gedankengang weiter. Dann fügte er hinzu: „Und ich

könnte mir vorstellen, dass er diese Ankündigung ganz bewusst geschrieben hat. Irgendetwas bezweckt er damit."

„Was kann man mit so einem Brief denn bezwecken?", hakte Norbert nach.

„Angenommen, ich möchte mich während eines Fußballspiels an irgendjemandem rächen - also Vergeltung üben …", überlegte Seebacher, „….und ich kündige der Polizei dieses Vorhaben vorher an, womit muss ich rechnen? Was wird die Polizei tun?"

„Verschärfte Sicherheitsvorkehrungen im Stadion", kam prompt die Antwort von Daniele.

„Verstärkter Einsatz von Überwachungskameras, wenn nicht zur Vermeidung der Tat, so doch zur späteren Verfolgung der Täter", ergänzte Norbert.

„Richtig - und was sagt uns das?"

Seebacher sah seine Assistenten nacheinander an.

„Nun, das sagt uns, dass er sicher nicht vorhat, Waffen ins Stadion mitzubringen, denn die könnten wir bei Kontrollen am Eingang ja finden", überlegte Norbert.

„Vielleicht hat er sie bereits im Stadion versteckt, oder er bringt nur ein Tütchen Gift in der Hosentasche mit und schüttet es dem verhassten Nebenmann einfach ins Bier? Dann helfen keine Überwachungskameras, keine Kontrollen am Eingang, gar nichts!", spann Daniele den Gedanken weiter.

„Da hast du natürlich recht, Daniele", meinte Seebacher, „aber warum informiert er uns dann darüber? Das bringt ihn nicht weiter, sondern würde wirklich nur das Risiko erhöhen, erwischt zu werden. Ihm ist sicher klar, dass wir das Stadion gründlich durchsuchen werden."

„Vielleicht will er nur verhindern, dass seine Gegner oder Opfer Waffen ins Stadion schmuggeln. Aggressive Fans haben doch immer wieder Schlag- und Stichwaffen dabei. Wäre doch möglich, dass er die nicht im Stadion haben will“, entwickelte Norbert den Gedanken weiter und brachte noch einen weiteren ins Spiel: „Oder er hat irgendwo eine Stütze angesägt, so dass während des Spiels ein Dach herunterbricht, was zu einer Panik führen würde? Auch Feuer könnte eine Panik auslösen…“

„Ich glaube, der Typ hat nur ein ausgeprägtes Geltungsbedürfnis und will daraus ein Spiel machen: Er gegen uns - die Bullen. So Spinner gibt’s doch immer wieder!“, warf Daniele ein.

„Ja, vielleicht….“, kam Seebachers Antwort gedehnt.

„Jedenfalls hat er vor den Kameras keine Angst und das bedeutet, dass er entweder sicher ist, dadurch nicht gefasst zu werden, oder es ist ihm egal, was nach seiner Tat mit ihm geschieht“, fasste Norbert zusammen.

Sie diskutierten noch lange über mögliche Hintergründe und Täter und beschlossen schließlich, in verschiede Richtungen zu ermitteln:

Daniele sollte sich im Internet in den Fanforen von SC Freiburg und Eintracht Frankfurt umtun und herausfinden, ob es militante Gruppierungen gab, die möglicherweise irgendwelche Racheakte gegen gegnerische Fans planten, und nach Hinweisen suchen, die zu einem fanatischen Einzeltäter führen könnten. Außerdem sollte er herausfinden, was im März 2001 passiert war.

Norbert bekam die Aufgabe, sich mit den sogenannten SKB, den „Szenenkundigen Beamten“, sowohl in Freiburg als

auch in Frankfurt in Verbindung zu setzen und möglichst viel über die verschiedenen Fanclubs in Erfahrung zu bringen. Vielleicht stießen sie ja dort auf eine Spur.
Seebacher übernahm die Information der Verantwortlichen beim SC Freiburg und die Organisation einer möglichst unauffälligen Durchsuchung und Überwachung des Stadions bis zum Spiel einschließlich der Installation zusätzlicher Überwachungskameras. Mit ihnen sollte auch sichergestellt werden, dass niemand nach der ersten Durchsuchung der Arena in den Tagen vor dem Spiel Waffen oder Sprengkörper hineinschmuggeln konnte. Außerdem würden die Kameras für die Dauer der Bundesligabegegnung als zusätzliche Überwachungshilfen installiert bleiben, denn Seebacher sah auch ein großes Gefahrenpotential beim Publikum. Die Frankfurter Fans waren für Randale bekannt, und wenn sie zu einem Auswärtsspiel reisten, war, je nach Gegner, ein höheres Polizeiaufgebot angesagt und das Match wurde dann als sogenanntes „High-Risk-Spiel" eingestuft.
Die Begegnung sollte am Samstag stattfinden - es war also höchste Eile geboten.

5
Dienstag

Sie hatten sich zu ihrer morgendlichen Besprechung um acht Uhr im Büro getroffen und Norbert berichtete von seiner Kontaktaufnahme zu den SKB in Frankfurt und Freiburg:
„Ich habe mit den Kollegen Wagner und Kohler in Frankfurt telefoniert. Das sind die zuständigen Leute für alles, was mit dem Fußball dort zu tun hat. Die kennen sämtliche Fanclubs und wissen, wo die gefährlichsten Kandidaten im Stadion stehen. Echt nette und hilfsbereite Jungs. Sie werden uns bis Samstag alle wissenswerten Vorkommnisse per Mail schicken und wir haben vereinbart, am Spieltag per Handy in Kontakt zu sein. Die Nummern habe ich schon eingespeichert. Das Gleiche gilt für unsere Freiburger Kollegen Ciplak und Seeger. Mit denen bin ich sowieso bis Samstag ständig in Kontakt und ihre Nummern habe ich auch schon gespeichert. Generell ist es so, dass die Frankfurter schon einige Gruppierungen sehen, die hinter einer geplanten Aktion am Samstag stecken könnten. Ciplak und Seeger halten die Gefahr für echte Straftaten auf Seiten der Freiburger Fangruppierungen eher für gering."
„Ok, Norbert, vielen Dank. Da bleiben wir auf jeden Fall dran", erwiderte Seebacher.
Daniele war im Internet auf sieben Frankfurt-Anhänger gestoßen, die durch ihre Kompromisslosigkeit auffielen, worauf Norbert mit Wagner telefoniert hatte, um die Überwachung der sieben bis Samstag zu veranlassen.
„Was mich echt wundert, ist, dass drei von den sieben aggressivsten Ultrafans Frauen sind", meinte Daniele.

„Und was hast du bezüglich März 2001 herausgefunden?“, wollte Seebacher wissen.
„Ja, das war eine ganz üble Geschichte: Der SC gewann an dem Tag gegen Frankfurt mit fünf zu zwei, und nach dem Spiel haben Frankfurt-Fans ein paar junge Freiburger, alle ungefähr sechzehn Jahre alt, zusammengeschlagen. Das war kurz vor der Tankstelle bei der Ganterbrauerei. Einer der Jungen entwischte den Schlägern und flüchtete in die Unterführung in Richtung Wiehre. Aber sie holten ihn ein und schlugen ihn mit einem Baseballschläger brutal nieder. Zeugen in den Autos auf der Schwarzwaldstraße hatten einen Frankfurter mit so einem Prügel beobachtet, aber bevor jemand reagieren konnte, waren die Angreifer schon wieder verschwunden. Auch beschreiben konnte die Täter niemand, denn sie hatten ihre Schals um die untere Gesichtshälfte gebunden. Das Einzige, was mehrere Zeugen übereinstimmend aussagten, war, dass die Frankfurter alle größer waren als die Freiburger Fans und dass der mit dem Baseballschläger seine Kumpane wiederum fast um Haupteslänge überragte.“
„Ja, ich erinnere mich“, fiel ihm Seebacher ins Wort. „Die Polizei wurde damals heftigst kritisiert, weil sie es nicht schaffte, die Schläger dingfest zu machen – trotz Großfahndung bis hinauf nach Frankfurt.“
Er sah eine Weile nachdenklich zum Fenster hinaus und fuhr fort: „Das heißt für mich, dass wir diesen Brief ernstnehmen sollten. Wir haben einen seit Jahren ungelösten Fall, und es gibt tatsächlich jede Menge Leute, die ein Motiv für einen Racheakt hätten. Da sind zunächst einmal die Eltern des

Jungen, Freunde der Familie, die anderen Freiburger Fans, und auch der Junge selbst."
Mit diesen Worten drehte er sich zu seinen Kollegen um und erklärte: „Ich werde mir die Familie mal aus der Nähe ansehen."
Er hatte gerade ausgesprochen, als bei allen dreien der Laborbericht per Mail hereinkam. Seebachers Computer gab ein kurzes Klingeln von sich, Danieles Rechner sagte „Post" und von Norberts Schreibtisch war ein Muhen zu hören.
Der Bericht erwies sich als komplette Fehlanzeige. Die Briemarke war selbstklebend und wies keine Speichelspuren auf, ebenso der Briefumschlag. Der Text war auf einem Epson-Drucker null acht fünfzehn ausgedruckt worden und das Papier wurde tonnenweise in Deutschland verkauft. Auch die Adresse auf dem Umschlag war mit dem besagten Drucker geschrieben worden.
Außerdem fanden sich weder Fingerabdrücke noch sonstige Hinweise auf den Schreiber oder die Herkunft des Briefes.

Seebacher rief Fritz Keller, den Vorsitzenden des SC, an und vereinbarte einen Termin für den Nachmittag, dann suchte er die Adresse des Prügelopfers von 2001, Patrick Bast, heraus und fuhr in die Erwinstraße in der Wiehre.
Eine ungefähr fünfzig Jahre alte Frau mit kurzem, grauschwarz meliertem Haar öffnete ihm. Seebacher zeigte seinen Ausweis.
„Guten Tag, mein Name ist Seebacher. Ich bin Hauptkommissar bei der Kripo Freiburg. Sind Sie Frau Bast?"
Die Frau nickte.

„Ja, die bin ich. Was kann ich für Sie tun?“

„Ich würde mich gerne mit Ihnen über Ihren Sohn Patrick unterhalten. Kann ich bitte reinkommen?“

Die Frau zog die Augenbrauen in die Höhe und musterte den Polizeibeamten einen Moment lang, bat ihn dann aber mit einer einladenden Geste herein.

„Kann ich Ihnen etwas zu trinken anbieten?“, fragte sie, als sich Seebacher auf dem Sofa niedergelassen hatte.

„Nein, vielen Dank. Ich möchte Sie auch gar nicht lange aufhalten.“

Sie nickte, setzte sich in einen der beiden Sessel, die gegenüber vom Sofa, auf der anderen Seite des Couchtisches standen, und sah Seebacher gespannt an.

„Frau Bast“, begann der, „es ist so, dass wir einen anonymen Brief erhalten haben, in dem ein Verbrechen angekündigt beziehungsweise angedroht wird. Der Schreiber des Briefes erwähnt die Prügelei aus dem Jahr 2001, bei der Ihr Sohn schwer verletzt wurde.“

Während er sprach, war hinter Seebacher ein junger Mann lautlos mit seinem Rollstuhl ins Zimmer gerollt. Als der Kommissar ihn bemerkte, erhob er sich. Patrick Bast fuhr direkt vor ihn hin und reichte ihm die Hand.

„Ich glaube, ich brauche mich nicht vorzustellen“, begrüßte er den Fremden.

„Patrick Bast, nehme ich an“, erwiderte Seebacher und drückte lächelnd die stark zupackende Hand.

„Ich bin Hauptkommissar Seebacher, Kripo Freiburg.“

Der junge Mann nickte und meinte: „Ist schon erstaunlich, dass sich heute noch jemand, außer uns Betroffenen, an eine

Prügelei erinnert, die sich vor zwölf Jahren ereignet hat, finden Sie nicht?"
„Da bin ich ganz Ihrer Meinung und genau deshalb bin ich hier. Haben Sie…", Seebacher drehte sich zu Frau Bast um, „…oder Sie eine Idee, wer der Urheber eines solchen Schreibens sein könnte, in dem auf die Vorkommnisse im Jahr 2001 Bezug genommen wird?"
Die Mutter holte Luft, doch Patrick war schneller: „Nein – keine Ahnung. Was für ein Verbrechen wird denn in dem Brief angekündigt?"
„Nun, das kann ich Ihnen nicht sagen. Der Verfasser schreibt nur von einer Aktion, die schlimmere Folgen haben wird als einen Querschnittsgelähmten wie 2001."
Patrick presste kurz die Lippen zusammen und sah zur Seite, hatte sich aber sofort wieder im Griff.
„Klingt irgendwie nach Rache, finden Sie nicht?", erwiderte er.
Seebacher hob leicht die Schultern, doch bevor er etwas antworten konnte, erklärte Frau Bast: „Herr Seebacher, dieses schreckliche Ereignis damals hat unser Leben tiefgreifend verändert. Mein Mann, der vor zwei Jahren gestorben ist, mein Sohn und ich traten damals der methodistischen Kirche bei. Wir haben seither keinerlei Kontakt mehr zu Menschen, die mit Fußball zu tun haben oder sich dafür interessieren. Auch zu Patricks Freunden von damals haben wir keinen Kontakt mehr und…", sie hielt inne und hob den rechten Zeigefinger senkrecht in die Höhe, „…und wir haben den Tätern, die ja nie gefasst wurden, verziehen."

Seebacher blickte zuerst Patrick an, der langsam nickend, mit abwesendem Blick zum Fenster hinaussah, dann meinte er:
„Okay, dann möchte ich Sie nicht länger stören. Vielen Dank, dass Sie sich Zeit für mich genommen haben."
Damit reichte er zuerst dem Jungen, dann der Mutter die Hand und ging.

„Ich glaube nicht, dass jemand aus dem Umfeld der Familie Bast hinter dem Brief steckt. Der Vater lebt nicht mehr und Mutter und Sohn scheinen wirklich mit der Geschichte abgeschlossen zu haben", meinte Seebacher während der anschließenden, sehr kurz gehaltenen, Mittagspause mit seinen beiden Assistenten.
Kaum hatte er seinen Kaffee ausgetrunken, stand er auf, nahm seine Jacke von der Stuhllehne und erklärte: „Also, ich fahre jetzt hoch ins Stadion. Habe mit Fritz Keller einen Termin."

Zu der Besprechung kamen Keller, der Verwaltungsdirektor Detlef Romeiko, Trainer Christian Streich und Thorsten Olk, der Sicherheitsbeauftragte.
„Vielen Dank, dass Sie dieses Gespräch so kurzfristig möglich gemacht haben", eröffnete Seebacher das Gespräch.
Wie schon Herrn Keller zuvor am Telefon erklärte Seebacher die Lage, bevor er den Herren das geplante Vorgehen erläuterte.
„…eine Maßnahme, für die wir uns allerdings sehr schnell entschieden haben, ist die, zusätzliche Kameras im Stadion zu installieren, und ich möchte mich mit Ihnen diesbezüglich

abstimmen. Außerdem benötigen wir noch genauere Informationen über Maßnahmen, die bei einer möglichen Panik ergriffen werden."

Er blickte kurz in die Runde, und da ihn alle aufmerksam ansahen, fuhr er fort:

„Ich gehe davon aus, dass für solche Fälle alle Voraussetzungen geschaffen sind, die Zuschauer gefahrlos aus dem Stadion herauszubringen. Das ist heutzutage ja Standard in Bundesligastadien. Ich habe mir die Ausgänge angesehen und nur bei einem, dem von der Gegengerade in Richtung Dreisam, hatte ich ein wenig Bedenken. Können die Eisentore links und rechts vom Einlass bei Bedarf innerhalb kurzer Zeit geöffnet werden, so dass auch in Panik flüchtende Menschen unbeschadet hinauskommen?"

„Ja, beide Tore können im Notfall schnell geöffnet werden und sie gehen nach außen auf", beantwortete Olk Seebachers Frage.

„Gut", gab der zurück. „Ich denke, Sie, Herr Olk, können mir nachher alles über Sicherheitsfragen und bestehende Evakuierungspläne sagen, dafür muss ich Sie nicht alle von der Arbeit abhalten. Eine Frage habe ich aber noch: Wie weit würden Sie den Security-Dienst über den Sachverhalt informieren?"

Romeiko, der Verwaltungsdirektor, hatte bei der Frage die Hand nachdenklich ums Kinn gelegt und antwortete als erster: „Ich bin dafür, die Security nur zu informieren, dass das am Samstag ein sogenanntes High-Risk-Spiel ist und deshalb sehr viel strenger als sonst kontrolliert werden muss."

„Aber die Information kurz vorm Spieltag isch ungwöhnlich. Da frage sich die Securityleut bestimmt, was passiert isch, dass des Spiel plötzlich als riskant eingstuft worde isch“, gab Christian Streich zu bedenken.
„Wir können ja sagen, dass wir über aktuelle Informationen aus der Frankfurter Fanszene verfügen, die diese Vorkehrungen notwendig machen“, schlug Seebacher vor.
Damit waren alle einverstanden und da keine weitere Fragen seitens der SC-Verantwortlichen bestanden, löste Seebacher die Runde auf und ließ sich von Herrn Olk noch Sicherheitsmaßnahmen und Evakuierungspläne erläutern.

Um Viertel vor acht kam Seebacher nach Hause, was aber niemanden störte, denn seine Frau Sylvia hatte noch einen Vortrag zu halten und würde nicht vor zehn heimkommen. Lisa studierte mittlerweile und war ausgezogen. Sarah war in der Fahrschule und wollte gegen neun Uhr da sein. Also holte er sich Brot, Wurst, Käse und Bier aus der Küche und machte es sich auf dem Sofa bequem. Es tat richtig gut, sich bestens versorgt auf die Couch zu pflanzen, die Beine hochzulegen und Nachrichten zu schauen.
Sarah erschien pünktlich um Neun, lag aber kurz vor zehn schon im Bett. Sie war ziemlich müde und musste am nächsten Tag eine vierstündige Deutscharbeit schreiben.
Um kurz nach zehn kehrte auch Sylvia heim. Sie war ebenfalls total erschlagen, und Seebacher machte ihr ein paar Häppchen. Froh, den Vortrag hinter sich zu haben, ließ jetzt sie sich aufs Sofa fallen und wollte auch gar nicht mehr viel erzählen. Sehr interessiert aber war sie an dem Fall mit dem anonymen Brief:

„Ich hab‘ heute so viel geredet, jetzt erzähl du mir lieber, wie dein Tag gelaufen ist“, forderte sie ihren Mann auf.
Seebacher berichtete darüber, was sie herausgefunden und unternommen hatten.
„Das wird ein sehr langer Tag am Samstag und ich habe kein gutes Gefühl, denn es ist vollkommen klar, dass wir auch mit einem hohen Aufgebot an Personal und Technik ein Verbrechen nur sehr schwer vereiteln können. Wenn es der oder die Täter auf eine Massenhysterie anlegen, sind unsere Möglichkeiten, das zu verhindern, ebenfalls sehr gering. Und du weißt, was passieren kann, wenn in einem Stadion Panik ausbricht. Da werden Leute zertrampelt, zerquetscht, überrannt. Wir wären machtlos und davor fürchte ich mich am allermeisten. Ich kann nur hoffen, dass wir wenigstens das nicht erleben müssen.“

6
Mittwoch

Heute war ausnahmsweise einmal Seebacher aufgeregt ins Büro gestürzt.

„Habt ihr das schon gelesen - in der ‚Badischen‘? So eine Scheiße!“, ereiferte er sich ohne sein allmorgendliches „Moin!“.

Erstaunt drehten sich Daniele und Norbert zu ihm um, denn so eine Begrüßung durch ihren Chef waren sie nicht gewohnt.

„Nein, worum geht's?“, erwiderte Norbert.

„Sebastian Bühler ist schwul und outet sich heute in der ‚Badischen Zeitung‘. So ein Mist!“

„Was, Bühler? Unser ‚Sebü-Fußballgott‘?“, fragte Daniele ungläubig nach.

„Ja, genau der. Unser Spielmacher und Führungsspieler. Der verspürt jetzt den Drang, aller Welt mitzuteilen, dass er schwul ist. Das hat gerade noch gefehlt!“, erklärte Seebacher aufgeregt.

„Na, so schlimm finde ich das jetzt auch nicht. Um gut Fußball zu spielen, muss man nicht unbedingt hetero sein“, kommentierte Norbert Seebachers Gefühlsausbruch.

„Mein Problem ist doch nicht, dass er schwul ist! Ich hab‘ den Bühler schon immer sehr gemocht. Er gehört zu meinen aktuellen Lieblingsspielern, und ich behaupte, dass der SC selten so einen guten Zehner gehabt hat. Er hat zwar die Rückennummer Dreizehn, weil Christian Streich der Meinung ist, dass ein Spielmacher nicht ins strategische Konzept der Mannschaft passt, aber wenn man sieht, wie sich der Junge in den letzten beiden Jahren zum Dreh- und Angelpunkt im Mittelfeld gemausert hat und dann noch mit genialen Pässen Ideen ins Spiel bringt, dann ist er für mich de facto ein echter Zehner. Habt ihr mal gesehen, wie der sich bewegt? Er ist groß und wirkt beinahe dünn. Nur bei genauerem Hinsehen bemerkt man seine austrainierte Muskulatur. Das fällt erst nicht so auf, weil er lang ist und auch seine Muskeln in die Länge gehen. Wenn der lossprintet, holt er mit den Beinen ganz weit aus, und die Arme machen synchron dazu so eine runde Bewegung."

Seebacher versuchte die Armbewegungen Bühlers nachzumachen.

„Das erinnert mich immer an einen Geparden in vollem Lauf. Bin neulich zufällig im Internet auf ein Video gestoßen, in dem man die Raubkatze beim Sprint in Zeitlupe beobachten kann. Das müsst ihr euch unbedingt mal ansehen, dann wisst ihr, was ich meine."

Seebacher hielt inne, denn er hatte sich selbst so in Begeisterung geredet, dass er erst den verlorenen Faden wiederfinden musste, ehe er fortfuhr:

„Nein, mein Problem ist, dass er sich j e t z t outet. Diese Woche - kurz vor genau dem Spiel, das mir sowieso schon genug Kopfzerbrechen bereitet. Warum posaunt er das nicht nächste Woche oder nächsten Monat aus?"

„Das stimmt natürlich. Ungünstiger hätte der Zeitpunkt für uns kaum sein können", gab Norbert zu.

„Und das werden wir und er im Spiel zu spüren bekommen. Viele Zuschauer werden ihn beschimpfen - davon können wir ausgehen", ergänzte Daniele.

„So ist es“, stimmte Seebacher zu. „Verbessern wird das die Stimmung im Stadion sicher nicht.“
„Vielleicht sollten wir die Verantwortlichen beim SC bitten, ihn diesen Samstag nicht aufzustellen“, überlegte Norbert.
„Das kannst du vergessen. Sebü ist viel zu wichtig und immer für ein Tor gut. Auf den können wir nicht verzichten“, wischte Seebacher Norberts Vorschlag vom Tisch.
Daniele hatte nebenbei das Fan-Forum von Eintracht Frankfurt im Internet aufgerufen, um zu sehen, ob dort schon etwas zu dem Thema zu finden war.
„Aha!“, rief er. „Die Information ist auch schon bei den Frankfurter Fans angekommen. Die Kommentare sind auf den ersten Blick durchweg negativ. Die wichtigsten Schlagworte hier sind ‚pervers‘, ‚schwule Sau‘ und ‚abartig‘.“
Er drehte sich vom Bildschirm weg und sah Seebacher und Norbert nacheinander an.
„Ich finde es unglaublich mutig, was der Sebü da gemacht hat“, meinte Seebacher. „Der Junge ist vierundzwanzig Jahre alt und hat noch sein ganzes Fußballerleben vor sich. Ich hätte ihm bis gestern auch noch eine steile Karriere prophezeit, aber das lässt sich jetzt natürlich nicht mehr so genau sagen. Da wird sich einiges im Fußball, aber auch insgesamt im Sport und in der Gesellschaft tun müssen, damit so ein Spieler unbehelligt und ohne benachteiligt zu werden seinen Beruf ausüben kann. Ich war mir sicher, dass er nächstes Jahr von einem größeren Verein weggekauft wird. Bin gespannt, wie die Geschichte weitergeht.“

Daniele war zwischenzeitlich zum Freiburger Fan-Forum übergewechselt und Seebacher fragte:
„Und was sagen die Freiburger Fans zu dem Thema?“
„Es gibt hier viele erstaunte Töne und Leute, die es gar nicht gut finden, dass Sebü schwul ist, aber die Aussagen sind bei weitem nicht so abfällig und menschenverachtend wie bei den Frankfurtern“, erklärte Daniele.

Den Tag verbrachten sie zu einem großen Teil im Büro mit Recherchen. Gegen fünfzehn Uhr fuhr Seebacher noch einmal hinauf zum SC-Stadion, das er immer noch und unbeirrt „Dreisamstadion“ nannte.
Sein erster Gang war der ins Büro des Pressesprechers Rudi Raschke.
„Sagen Sie mal, das coming out von Sebastian Bühler, hätte das nicht auch noch bis nächste Woche warten können?“, fragte er.
Raschke, der den Ärger in der Stimme des Kommissars spürte, gab entrüstet zurück:
„Wenn ich gewusst hätte, dass Sebastian das vorhat, hätte ich es auf jeden Fall verhindert - so kurz vor dem Spiel gegen Frankfurt. Wir hätten einen besseren Zeitpunkt dafür gefunden, da bin ich mir sicher. Aber hier hat keiner was gewusst, weder von seiner Homosexualität noch davon, dass er sich outen will.“
„Und wie haben seine Mitspieler und Sie alle im Verein darauf reagiert?“
„Einige Spieler gingen direkt auf ihn zu und erklärten, dass sie überhaupt kein Problem damit hätten. Negative Stimmen wurden nicht laut, was aber nicht heißt, dass alle es

gutheißen oder tolerieren. Manche haben sich auch gar nicht dazu geäußert. Die Verantwortlichen vom Verein, einschließlich Trainer, haben ihm alle das Gleiche signalisiert: Hetero- oder homosexuell macht für uns keinen Unterschied. Wichtig ist die Leistung auf dem Platz. Und wir haben ihm auch gesagt, dass wir seinen Alleingang nicht gutheißen. Das hätte er vorher mit uns abstimmen müssen."
„Dann können wir nur hoffen, dass dieser Schritt Bühlers am Samstag nicht zu ernsthaften Schwierigkeiten führt", schloss Seebacher und reichte dem Pressesprecher die Hand.

Gegen achtzehn Uhr dreißig kam der Kommissar nach Hause. Sylvia hatte Spaghetti gekocht, und da das schöne Wetter noch auf sich warten ließ, aßen sie im Haus. Sarah und ihr Freund Moritz waren auch da.
Sie saßen am runden Esstisch, die gefüllten Teller vor sich.
„Na, Sarah, wie war Deutsch heute?", erkundigte sich Seebacher.
„Geht so. Wir mussten einen Abschnitt aus ‚Homo faber' von Max Frisch interpretieren. Lief eigentlich ganz gut, ist aber wahnsinnig anstrengend, so lange konzentriert zu arbeiten."
„Na ja, jetzt hast du's ja geschafft", tröstete sie ihr Vater.
„Ah genau - und ich hab' neun Punkte in Mathe", fiel Sarah ein.
„Super!", lobte Seebacher. Das war ehrlich gemeint, denn er wusste aus eigener Erfahrung, dass man in Mathe viel üben muss, um gute Noten zu schreiben, selbst dann, wenn man den Stoff verstanden hat. Deshalb war er selbst auch nie über eine Drei hinausgekommen.

„Und diese Woche schreiben wir keine Arbeit mehr - jetzt kann das Wochenende also kommen“, freute sich Sarah.
„Habt ihr schon was vor dieses Wochenende?“, wollte Seebacher wissen.
„Ephi hat uns gefragt, ob wir mitkommen wollen ins Stadion. Er hat zwei Stehplatzkarten auf Nord übrig und uns als erste gefragt“, berichtete Moritz.
Seebacher streifte Sylvia mit dem Blick. Sie hatte gerade die Gabel in Richtung Mund gehoben und stockte mitten in der Bewegung. Die Spaghetti vor der Brust schwebend sah sie ihren Mann erschrocken an.
Die Kinder hatten es nicht bemerkt und Seebacher beeilte sich zu antworten:
„Eigentlich wollte ich euch einen anderen Vorschlag machen, aber wenn Ihr unbedingt ins Stadion wollt….“
Sarah und Moritz richteten erwartungsvoll den Blick auf ihn, und da er nicht weitersprach, hakte Sarah nach: „Was wolltest du uns denn vorschlagen?“
„Ich habe mich gefragt, ob ihr Lust habt, das für Samstag angekündigte schöne Wetter zu nutzen und mal wieder in den Europapark nach Rust zu fahren. Ich hatte vor, Euch eine Freude zu machen und den Eintritt zu spendieren.“
Er wusste natürlich, dass Sarah trotz ihrer siebzehn Jahre immer noch wahnsinnig gern den Europapark besuchte, und seine Rechnung ging auf.
„Au ja, Moritz!“, rief die Tochter. „Lass uns lieber in den Europapark gehen. Das Angebot bekommen wir so schnell nicht wieder! Und für die SC-Karten müssten wir sogar noch was bezahlen!“

„Aber ich wollte schon gerne mal wieder ins Stadion“, erwiderte Moritz ein wenig enttäuscht.
„Dann würde ich an deiner Stelle aber ein anderes Spiel aussuchen. Frankfurt ist jetzt nicht gerade der attraktivste Gegner. Außerdem werden, soviel ich weiß, Spiele des SC in Rust live auf Großbildschirmen gezeigt“, entgegnete Seebacher.
„Klar, Dortmund oder Bayern wäre mir auch lieber“, spöttelte Moritz.
„Passt auf!“, schlug Seebacher vor. „Ihr macht euch einen schönen Tag in Rust und ich versuche, Karten für das Dortmund-Spiel zu bekommen. Gegen die Bayern spielt der SC erst in der Rückrunde zu Hause. Was haltet ihr davon?“
Die beiden blickten sich an, dann sagte Moritz: „Ok, einverstanden.“
Sylvia atmete lange und hörbar aus und führte ihre Bewegung zu Ende, die bis eben noch wie eingefroren schien: Die Gabel ging zum Mund, der Mund öffnete sich, die Gabel fuhr voll hinein und leer wieder heraus. Dann begann sie langsam zu kauen, den Blick gedankenverloren auf die Mitte des Tisches gerichtet. Moritz sah sie verstohlen von der Seite an, doch bevor er etwas sagen konnte, hob Seebacher sein Rotweinglas.
„Na dann zum Wohl!“
Sie stießen miteinander an und Seebacher fragte in die Runde: „Der Samstag wäre also geklärt - und was machen wir am Sonntag?“

Die beiden folgenden Tage arbeiteten die drei Kommissare und viele Beamte hart an den Vorbereitungen für das Spiel

und versuchten möglichst viele Informationen zusammenzutragen, aber neue Erkenntnisse über den Täter oder seinen Plan gewannen sie nicht. Im Stadion wurden zwanzig zusätzliche Kameras montiert. Da an einigen Stellen Kabel verlegt werden mussten, war die Installation insgesamt etwas langsamer vonstattengegangen, als Seebacher sich das vorgestellt hatte. Am Ende aber war er mit dem Ergebnis sehr zufrieden. In einem speziell hierfür eingerichteten Raum auf der Südtribüne wurden an fünf Sitzplätzen jeweils vier Schirme installiert, die die Bilder der Zusatzkameras wiedergaben. Die zugehörigen Spezialisten hatte Seebacher für Samstag längst angefordert.
Von nun an hatten sie jedenfalls das ganze Stadion im Auge und konnten jeden Tag bis Samstag die Aufzeichnungen der Nacht im Schnelldurchlauf kontrollieren und sicherstellen, dass sich niemand unbemerkt ins Stadion schlich.

7
Samstag, sieben Uhr

Am Spieltag kamen Seebacher, Norbert und Daniele sehr früh ins Stadion. Beim Eingang zur Haupttribüne erwartete sie wie verabredet der „Greenkeeper“, um sie hereinzulassen. Der Mann war verantwortlich für die Unterhaltung des Rasens, wohnte ganz in der Nähe und kam morgens meistens als Erster ins Stadion. Er sprach nur kurz mit den Beamten, trat dann seine Kippe aus und verschwand direkt wieder in Richtung Mannschaftsräume. Außer ihnen war noch keine Menschenseele in der Arena. Die drei Kommissare schritten durch den jetzt noch verlassenen Flur zum Spielfeld, das sie zwischen den Trainerbänken von Heim- und Gastmannschaft betraten. Ein paar Meter gingen sie noch über die Seitenlinie in Richtung Mittelpunkt des Feldes hinaus, dann blieben sie stehen und drehten sich langsam um ihre eigene Achse. Es war ein kühler Septembermorgen, blauer Himmel, klare Luft und noch völlig still. Ihre Blicke strichen über die leeren, schweigenden Tribünen, die vor dem Hintergrund der ebenso stillen Schwarzwaldtannen vollkommene Ruhe ausstrahlten.

Daniele sagte leise, beinahe ehrfurchtsvoll: „Wenn ich als Kind mit meiner Mutter am Sonntag zum Gottesdienst ging, musste ich immer sehr früh aufstehen. Mama liebte es, lange vor der Messe in der leeren Kirche zu sitzen und zu beten. Ich saß dann immer neben ihr, mucksmäuschenstill, wagte kaum zu atmen und sah mir alles ganz genau an: die Bilder an den Wänden und der Decke, die Figuren, die bunten

Fenster und Mama, die wie eine Heilige dasaß und mit geschlossenen Augen betete. In diesen Momenten war ich mir sicher, dass uns der liebe Gott jetzt ganz nah war."
Er drehte sich um, sah auf die leere Haupttribüne und nickte, als wolle er seine Worte bestätigen.
„Komisch, das sind längst verschüttete Kindheitserinnerungen, die jetzt hochkommen - hatte ich völlig vergessen. Und hier, in einem leeren Stadion, da erinnere ich mich daran! Ist das nicht merkwürdig? Diese Stille, diese Leere und Weite verleihen dem Ort fast etwas Heiliges."
Seebacher nickte langsam und bestätigte: „Ja, es gibt auch Theorien, dass die Rituale vor, während und nach einem Fußballspiel - also die Gesänge, die Sprechchöre, La Ola und so weiter - große Ähnlichkeiten mit den rituellen Handlungen eines Gottesdienstes aufweisen und auch ähnliche Wirkungen hervorrufen. Es heißt doch auch immer wieder, dass die Fans zum Stadion ‚pilgern'."
Er lächelte, denn ganz kurz vergaß er, weshalb sie hier waren, und freute sich auf das Match wie immer, wenn er ins Stadion kam. Er besaß seit Jahren eine Sitzplatzdauerkarte auf der Gegengerade, der Osttribüne, und verpasste so gut wie kein Heimspiel.
Doch beim Blick auf diese Tribüne - „seine" Tribüne - runzelte er die Stirn und murmelte:
„Trotzdem habe ich kein gutes Gefühl. Wenn irgendwer hier und heute ein Verbrechen begehen will, dann ist es so gut wie unmöglich, das zu verhindern."

Daniele und Norbert sahen sich betreten an, denn sie kannten die Trefferquote der Prognosen, die Seebachers Gefühlswelt entsprangen.
„Wir drei werden uns an den brisantesten Punkten im Stadion unter die Zuschauer mischen“, fuhr Seebacher fort.
„Norbert, du sitzt dort auf der Gegengerade rechts an dem Aufgang, der an den Gästeblock grenzt. Das ist eine ganz kritische Stelle, weil hier die Frankfurt-Fans direkt in Kontakt mit den Freiburgern sind. Nur das hüfthohe Geländer dazwischen, sonst nichts. Einen Pufferblock konnten wir nicht mehr einschieben, weil das Spiel bereits ausverkauft war.“
Während er das sagte, zeigte er auf die Stelle und sah Norbert an. Der nickte.
„Trotzdem wurde ein Sitzplatz für dich reserviert, Reihe und Platznummer teilt dir später der Verwaltungsdirektor, Herr Romeiko, mit. Wie er den Platz freibekommen hat, weiß ich auch nicht.“
Seebacher drehte sich zu Daniele um.
„Und du gehst in den Käfig mitten unter die Frankfurter Fans“, erklärte er und zeigte in die linke Ecke der Südtribüne. Der „Käfig“ war der östlichste Teil der Stehplatztribüne auf der Südseite. Hier machten stabile Eisenzäune einen direkten Kontakt zwischen den Gäste- und den SC-Fans unmöglich, es sei denn, man schaffte es, über den Zaun zu klettern. Für solche Fälle waren aber auf der anderen Seite der Absperrung Einsatzkräfte der Polizei sofort zur Stelle, die die übereifrigen Fans in Empfang nahmen.

„Ich selbst gehe auf die Nordtribüne. Da gibt es nur Stehplätze und ist am meisten los. Wenn ich ein Verbrechen verüben wollte, würde ich es dort tun“, erklärte Seebacher.
„Vorausgesetzt, dein Opfer steht zufällig auch auf Nord“, wandte Daniele ein.
„Wenn er sich an jemand ganz Bestimmtem rächen will, hat er wahrscheinlich tatsächlich keine freie Platzwahl“, gab Seebacher zurück und sah Daniele eine Weile nachdenklich an. Doch dann schüttelte er den Kopf, blickte hinüber zur Südtribüne und setzte seine Erläuterungen fort:
„Um die Situation ein wenig zu entschärfen, gibt es im Käfig nur alkoholfreies Bier. Im ganzen Stadion werden neun Züge uniformierter Beamter, also dreihundertsechzig Frauen und Männer plus Zugführer, Hundertschaftsführer, Einsatzleiter und darüber hinaus zweihundert Personen vom Ordnungsdienst und zwanzig Zivilbeamte im Einsatz sein. Norbert und ich, die Einsatzleiter von Polizei, Rettungsdienst und Feuerwehr und die zwanzig Zivilbeamten können über diese kleinen Funkgeräte mit Ohrstöpsel miteinander sprechen. Bei dir, Daniele, wäre es zu gefährlich. Wenn einer im Käfig das Ding an dir entdeckt, bist du geliefert. Deshalb musst du mit Norbert und mir übers Handy kommunizieren.“
Er reichte Norbert das mitgebrachte Gerät, der es am Gürtel befestigte, während Seebachers Blick noch einmal über die verwaisten Tribünen streifte.
„Kommt, wir gehen mal hinüber und schauen uns eure Einsatzorte aus der Nähe an“, schlug er vor. Ohne eine Antwort abzuwarten, machte er sich an die Überquerung des

Platzes in Richtung Käfig. Die anderen folgten, während sie aufmerksam und schweigend in die Runde blickten.
Norbert war schon hin und wieder mit Seebacher im Stadion gewesen, aber ihm war noch nie aufgefallen, dass auf der Gegengerade gegnerische und Freiburger Fans, nur durch den Gang zwischen den Blöcken getrennt, direkt nebeneinander saßen.
„Und da ist noch nie etwas passiert?“, fragte er, ungläubig den Kopf schüttelnd.
„Bis jetzt nicht“, erwiderte Seebacher.
Daniele meinte beim Anblick des Käfigs: „Also, scharf bin ich auch nicht gerade darauf, als Fremdkörper mit einer derart kritischen Masse wie Ultrafans bei einem Auswärtsspiel auf engstem Raum eingepfercht zu werden.“
„Es sind noch andere Beamte in Zivil und auch uniformierte Kollegen dort. Du bist also nicht allein“, beruhigte ihn Seebacher.
Sie gingen in die Mitte des eingezäunten Gästebereiches, und Seebacher zeigte hinüber zur Osttribüne: „Hier, direkt neben dem Käfig, ist der Frankfurter Sitzblock und da drüben, am Treppenaufgang, sitzt du, Norbert. Ihr seid nicht weit voneinander entfernt und könnt euch im Auge behalten. Lasst uns rübergehen und das Ganze mal aus Norberts Perspektive ansehen!“
Sie stiegen die Treppen zwischen SC-Fanblock und Gästeblock auf der Osttribüne hinauf. Seebacher zeigte auf die ersten Sitze direkt beim Aufgang und erklärte: „Hier, auf einem dieser Plätze ganz außen wirst du sitzen, Norbert.“
Oben angekommen drehten sie sich um und Seebacher fuhr fort:

„Wenn hier…“, er zeigte auf den Treppenaufgang und die Sitzblöcke links und rechts davon, „…die Zuschauer aufeinander losgehen, ist das Chaos perfekt. Deshalb musst du, Norbert, bei den ersten Anzeichen für eine Auseinandersetzung Alarm schlagen, damit sofort uniformierte Kräfte anrücken, die den Aufgang schnell besetzen.“

Norbert sah eine ganze Weile schweigend auf die Ränge hinab, um sich die Abstände und Proportionen einzuprägen. Dann nickte er und meinte nur: „Alles klar.“

Im Anschluss gingen sie noch die anderen Tribünen ab, auf denen sich nichts Verdächtiges fand. Auch die Kameras lieferten keine Bilder von Eindringlingen, die in der letzten Nacht einen Anschlag vorbereiteten...

Um acht Uhr trafen die uniformierten Beamten ein und das gesamte Gelände wurde ein letztes Mal mit Spürhunden durchsucht, was erneut zu dem Ergebnis führte: „Stadion sauber“.

Ab neun Uhr wurde es richtig lebendig in der Arena, denn jetzt kamen Lieferanten und Servicepersonal für die letzten Vorbereitungen vor dem Spiel und auch die Mannschaft des Sportclubs war plötzlich da. Sie absolvierte ihr „Anschwitztraining“ auf den Trainingsplätzen hinter dem Stadion. Gegen zehn Uhr durften die Spieler dann noch einmal nach Hause gehen.

Dieser Zeitpunkt erschien Seebacher geeignet, alle wichtigen Personen zu einem letzten Abstimmungsgespräch zusammenzurufen. Sie versammelten sich im Eingangsbereich der Südtribüne.

Es war zwar noch kühl, aber vom Spielfeld drang helles Sonnenlicht herauf und verbreitete gute Laune unter den Anwesenden. Es waren zwanzig Zivilbeamte, Einsatzleiter und Hundertschaftsführer der uniformierten Polizeieinheiten und die Einsatzleiter von Rettungsdienst und Feuerwehr erschienen, außerdem Präsident, Verwaltungsdirektor und Trainer, die beiden Fanbeauftragten sowie die zwei Sicherheitsbeauftragten des Sportclubs.

Als es ruhig wurde und ihn alle gespannt ansahen, begann Seebacher: „Guten Tag. Mein Name ist Bernd Seebacher. Ich bin Hauptkommissar bei der Kripo Freiburg. Wie Sie bereits wissen, haben wir heute ein ganz besonderes Fußballspiel, bei dem von uns allerhöchste Aufmerksamkeit gefordert sein wird. Eine Aufmerksamkeit, die weit über das Normalmaß hinausgeht."

Er machte eine kurze Pause, ehe er fortfuhr: „Zu den Fakten: Uns liegt ein Schreiben vor, in dem angekündigt wird, dass sich jemand im heutigen Spiel des SC gegen Eintracht Frankfurt rächen will. Wir wissen nicht, wer das Ziel dieser Rache ist, und wir haben weder Hinweise darauf, wer diesen Brief geschrieben hat, noch darauf, wie er vorgehen wird. Vorbereitend haben wir im ganzen Stadion zwanzig zusätzliche Überwachungskameras installiert, die die Bilder der bereits vorhandenen Kameras komplettieren werden. Und in einem speziell dafür eingerichteten Raum hier auf der Südtribüne sitzen fünf Spezialisten zur Überwachung der Kamerabilder. Außerdem haben wir die Stärke der Sicherheitskräfte um mehr als die Hälfte erhöht und zusätzlich Sie - zwanzig Zivilbeamte - aufgeboten. Sie werden zu je fünf Beamten auf die vier Tribünen verteilt und sollen sich unter das Publikum mischen. Wir glauben nicht, dass der Täter Waffen einsetzen wird, da er davon ausgehen muss, dass am Eingang strenge Leibesvisitationen durchgeführt werden. Diese verschärften Kontrollen werden mit großer Wahrscheinlichkeit zu einem verspäteten Anpfiff des Spiels führen. Wir müssen das Einschmuggeln von Waffen aller Art, also Schusswaffen, aber auch Stichwaffen und Wurfgeschosse, mit hundertprozentiger Sicherheit ausschließen, was bedeutet, dass alle - Männer, Frauen, Kinder und selbst Rollstuhlfahrer - sehr genau beim Betreten des Stadions durchsucht werden. Herr Olk, der Sicherheitsbeauftragte, hat das bei der Security-Firma bereits angewiesen.

Ich bitte Sie um allerhöchste Aufmerksamkeit und sofortige Meldung etwaiger Auffälligkeiten an den Einsatzleiter. Die Zivilbeamten haben diese kleinen Funkgeräte…“, er hob seins in die Höhe und zeigte es herum, „…mit denen sie miteinander, mit dem Einsatzleiter und mit mir sprechen können. Der Einsatzleiter, Herr Steiner, und ich haben vereinbart, dass sowohl er als auch ich im Bedarfsall den Zivilbeamten Anweisungen erteilen können.“

Seebacher sah Steiner an, der bestätigend nickte, und dann weiter in die Runde. Einer der Zivilbeamten fragte: „Warum, glauben Sie, kündigt jemand eine Straftat an? Damit verschlechtern sich doch seine Chancen, unerkannt davonzukommen?“

„Diese Frage haben sich meine Kollegen und ich ebenfalls gestellt und wir sind zu keinem vernünftigen Schluss gekommen. Es könnte sich theoretisch um einen üblen

Scherz handeln, den hier jemand mit uns treibt, aber ich tendiere dazu, das Schreiben ernst zu nehmen und gehe davon aus, dass tatsächlich heute jemand im Stadion sein wird, der Böses im Schilde führt. Ich bin auch überzeugt, dass er oder sie die Ankündigung ganz bewusst an uns geschickt hat. Was aber genau damit bezweckt wird, kann ich im Moment nicht sagen. Die Möglichkeiten, die dem Täter zur Verfügung stehen, sind unendlich und lassen viel Raum für Spekulationen: Vielleicht will er sich an jemandem rächen und schüttet ihm zum Beispiel Gift ins Getränk. In diesem Fall ist es quasi unmöglich für uns, die Tat zu verhindern. Vielleicht will er sich aber auch an einer ganzen Gruppe rächen und versucht eine Panik auszulösen, die beispielsweise durch ein Feuer verursacht werden könnte. Wenn Sie Ihrer Phantasie ein wenig Raum lassen, werden Sie merken, dass es in einem vollen Stadion tausende von Möglichkeiten gibt, jemanden zu Schaden kommen zu lassen. Ich kann Ihnen nicht sagen, worauf genau wir achten müssen. Deshalb meine Bitte: Verlassen Sie sich auf Ihren Instinkt und melden Sie es sofort, wenn Ihnen etwas ungewöhnlich, unnatürlich oder verdächtig vorkommt!“

Ein Murmeln ging durch die Zuhörer. Aus den Wortfetzen, die Seebacher verstehen konnte, hörte er die Ratlosigkeit heraus.

„Wir haben in der Woche, seit wir das Schreiben erhielten, getan, was wir konnten. Mehr war nicht möglich und wir befinden uns jetzt in einer ausweglos scheinenden Situation. Ich bin davon überzeugt, dass der Täter genau das wollte. Stellen Sie sich darauf ein, kritische Situationen zu deeskalieren. Wenn etwas passiert, zuallererst die Leute beruhigen und keine Panik aufkommen lassen, denn Panik ist das Letzte, was wir heute brauchen können. Ich hoffe sehr, dass wir den Fall lösen und heute Abend auf ein Spiel ohne besondere Zwischenfälle zurückblicken können. Das Stadion ist übrigens komplett ausverkauft und auch das Gästekontingent wurde ausgeschöpft. Das bedeutet, wir haben im Käfig eintausend stehende und im Block direkt darüber und daneben am Rand der Gegengerade insgesamt eintausendvierhundert sitzende Frankfurt-Fans."

Seebacher sah noch einmal in die Runde und blickte dann Norbert und Daniele an, die in der ersten Reihe der Zuhörer standen.

„Gibt es noch Fragen?", erkundigte er sich, doch die Antwort war Schweigen.

„Dann wünsche ich uns viel Erfolg und ein hoffentlich friedliches Spiel", schloss Seebacher und trat seitlich ab. Die Zuhörerschaft löste sich langsam auf.

Seebacher winkte Daniele und Norbert zu sich und nahm sie mit hinüber zu den Herren Keller, Romeiko und Streich, die ein wenig abseits stehen geblieben waren.

Alle drei begrüßten die SC-Vertreter per Handschlag und Seebacher fragte: „Können wir noch kurz mit Ihnen sprechen?"

Er hatte während der Woche schon öfter mit den Verantwortlichen geredet, wollte sich aber jetzt, kurz vor dem Spiel, noch einmal mit ihnen abstimmen.

„Selbstverständlich", erwiderte Fritz Keller.

„Ich schlag vor, mir gehe nüber ins Trainerbüro - glich do“, schaltete sich Christian Streich ein und ging voraus, um die Tür aufzuschließen.
Im Büro standen ein Schreibtisch in der einen und ein runder Tisch mit fünf Stühlen in der anderen Ecke. Streich nahm einen der beiden Stühle beim Schreibtisch und trug ihn hinüber. Das Büro war, abgesehen von einigen Fußballerfotos an den Wänden, schmucklos und nüchtern, beinahe unpersönlich eingerichtet. Als alle saßen, erklärte Seebacher:
„Wie Sie vorhin gehört haben, geht es mir heute vor allem darum, jede Situation, die zu Gewalt führen könnte, zu vermeiden und ich denke, dass auch die Spieler und der Trainer hierzu einen wesentlichen Beitrag leisten können.“
Er sah Streich an, dessen Augen, so wie man es von Fernsehinterviews her kannte, unruhig hin und her wanderten. Der Trainer nickte und erwiderte in seiner kurzen und badisch nüchternen Art:
„Do hänn Sie vollkomme Recht. Mir hänn do e gwissi Vorbildfunktion. Deshalb mache mir des an jedem Spieltag - und so auch heut wieder.“
„Mir ist klar, dass das sowieso zu Ihrer Auffassung von Sport gehört, möchte Sie aber trotzdem bitten, heute ein noch größeres Augenmerk darauf zu legen und Ihre Spieler in der Besprechung vor dem Spiel besonders zu sensibilisieren. Falls es zu strittigen Schiedsrichterentscheidungen oder rüden Fouls kommen sollte, wäre es schön, wenn Sie die Mannschaft heute noch mehr als sonst zur Besonnenheit mahnen würden.“

„Was bi der Qualität vu manche Schiedsrichterentscheidunge sicher nit immer einfach isch“, erwiderte Streich mit schiefem Lächeln.
„Ich weiß“, stimmte Seebacher ihm zu. „Ich bin selbst Dauerkartenbesitzer und rege mich auch darüber auf, wenn zum Beispiel mal wieder der Bayern-Bonus zum Einsatz kommt.“
„Ich versteh‘ jedenfalls, was Sie meine, und werd‘ mini Mannschaft vorm Spiel nomol entsprechend istelle“, erklärte Streich.
„Vielen Dank“, gab Seebacher zurück und wandte sich den Herren Romeiko und Keller zu: „Dann hätte ich jetzt nur noch eine Bitte.“
Die beiden sahen ihn fragend an.
„Ich würde mich gerne mit dem Stadionsprecher unterhalten. Ist der schon hier?“
Romeiko sah auf die Uhr.
„Viertel nach elf - wahrscheinlich nicht. Gewöhnlich kommt er so gegen zwölf“, erwiderte er, während er aufstand und hinüberging zu Streichs Schreibtisch, wo er den Hörer vom Telefon nahm, eine Nummer tippte und wartete.
„Romeiko hier. Hallo - ist der Claus Köhn schon da?“
Er hörte ein Weile zu, dann sagte er: „Gut, bitte geben Sie mir Bescheid, wenn er da ist - vielen Dank“, und legte auf.
„Herr Köhn, der erste Stadionsprecher hat eben angerufen. Er liegt mit einer Magen-Darm-Verstimmung im Bett und kann heute nicht. Frau Wagner kümmert sich darum, dass der dritte Stadionsprecher, Herr Stadelmann, möglichst schnell herkommt.“

„Wieso der dritte Stadionsprecher?“, fragte Seebacher irritiert.
„Weil der zweite Sprecher, Herr Rebstock, auf Klassenfahrt ist. Er vertritt Herrn Köhn ehrenamtlich und ist hauptberuflich Lehrer. Aber wie Sie sehen, haben wir auch diese Position mehrfach besetzt“, erwiderte Romeiko lächelnd. „Sobald Herr Stadelmann da ist, lasse ich es Sie wissen“, schloss er.
„Vielen Dank“, antwortete Seebacher. „Dann bleibt nur noch eins: Wenn die Mannschaft der Frankfurter Eintracht hier ankommt, würde ich gerne auch noch deren Trainer, Herrn Veh, sprechen. Können Sie das für mich arrangieren?“
„Kein Problem. Die Gastmannschaft trifft gewöhnlich so gegen vierzehn Uhr ein. Ich melde mich dann sofort bei Ihnen.“
„Danke“, schloss Seebacher und erhob sich. „Dann wollen wir uns mal an die Arbeit machen.“

8
Zwölf Uhr dreißig

Eben waren die Freiburger Spieler zum gemeinsamen Mittagessen mit dem Trainerstab im Mannschaftsbesprechungsraum eingetroffen und Seebacher hatte noch ungefähr eine Stunde Zeit bis zum Einlass der Zuschauer. Als erstes kamen immer die Stehplatzinhaber, denn sie hatten freie Wahl und diejenigen, die zuerst da waren, bekamen die besten Plätze. Er beschloss, einen letzten Durchgang durchs Stadion zu machen, um noch kurz mit den Kollegen in Zivil und in Uniform zu sprechen.
Auf der Haupttribüne ganz oben standen einige Zivilbeamte beieinander und diskutierten. Er stieg zu ihnen hinauf. Ihre Unterhaltung stockte, und da ihn alle schweigend ansahen, erkundigte er sich: „Haben Sie schon geklärt, wie Sie sich auf der Tribüne verteilen?“
Einer antwortete: „Ja, das haben wir eben durchgesprochen. Uns ist nur nicht klar, worauf wir eigentlich achten sollen.“
Außer dem Tipp, sich auf ihren Instinkt zu verlassen konnte ihnen Seebacher aber nicht viel sagen und ging unzufrieden weiter.
Als er gerade die Südtribüne in Richtung Schwarzwaldstraße verließ, klingelte sein Handy.
„Seebacher“, meldete er sich.
„Romeiko hier. Herr Seebacher, Florian Stadelmann, der Stadionsprecher, ist jetzt da. Sie wollten ihn noch sprechen?“
„Ja, wo kann ich ihn treffen?“

„Am besten, Sie kommen ins Verwaltungsgebäude. Im zweiten Stock ist der ‚runde Tisch', das Besprechungszimmer gleich links, wenn Sie hochkommen. Direkt neben der Pressestelle. Dort wartet er auf Sie."
„Alles klar, vielen Dank. Bin in fünf Minuten da", erwiderte Seebacher und beendete das Gespräch.

„Hauptkommissar Seebacher, Kripo Freiburg", begrüßte er den Mann, der sich bei seinem Eintreten erhoben hatte, und reichte ihm die Hand.
„Florian Stadelmann", erwiderte dieser und schüttelte die Rechte des Beamten.
Seebacher musterte sein Gegenüber, der ihn ebenfalls neugierig ansah. Der Blick seiner hellblauen Augen war offen, ohne Scheu, und obwohl sein braunes Haar von ersten grauen Strähnen durchzogen war, hatte er eine ganz glatte und jung aussehende Haut. Der Mann strahlte etwas Sympathisches aus.
„Setzen wir uns", schlug Seebacher vor und zog einen Stuhl zu sich heran.
„Hat man Ihnen schon gesagt, weshalb ich mit Ihnen sprechen möchte?", begann er, als er saß.
„Da Sie ja schon die ganze Woche immer wieder im Stadion waren, weiß ich, worum es geht, und ich vermute, Sie möchten mit mir über Organisatorisches sprechen."
„So ist es."
„Ich habe leider nicht viel Zeit, denn ich muss mich noch vorbereiten. Die Nachricht, dass ich den Stadionsprecher heute vertreten muss, kam etwas überraschend und ich bin

jetzt offen gestanden ziemlich unruhig, denn viel Zeit bleibt mir nicht bis halb zwei."

„Wieso bis halb zwei? Das Spiel fängt doch erst um halb vier an", warf Seebacher erstaunt ein.

„Das ist richtig, aber: Ab halb zwei ist Zuschauereinlass und von da an muss ich als Stadionsprecher einen minutengenauen Plan bis zum Anpfiff um halb vier einhalten. Während des Spiels habe ich dann freie Hand - natürlich immer innerhalb der vom DFB vorgegebenen Richtlinien. Ich muss auch noch dringend mit den Mitarbeitern von der Tonregie, der Videoregie, dem Schnitt und den Verantwortlichen für die Anzeigentafeln sprechen, denn der ganze Ablauf muss in enger Abstimmung mit dem Stadionsprecher vonstattengehen."

„Ich verstehe…", Seebacher nickte, „…und werde versuchen, mich möglichst kurz zu fassen. Eigentlich gibt es auch wirklich nicht viel zu besprechen. Ich wollte Sie nur bitten, besonders wachsam zu sein und auf die Stimmung im Publikum zu achten. Wir haben heute eventuell einen Gewalttäter, der sich unter die fünfundzwanzigtausend Zuschauer mischt und dem ein etwaiger Anschlag leichter fallen wird, wenn es im Stadion zu Unruhen kommt. Sie können über die Lautsprecher deeskalierend auf die Massen einwirken und genau darum möchte ich Sie hiermit eindringlich bitten."

„Darum müssen Sie mich nicht bitten, das gehört zu den Hauptaufgaben und Pflichten eines Stadionsprechers", erklärte Stadelmann.

„Sie haben sicher auch das über Sebastian Bühler gelesen", fuhr Seebacher fort. „Ich könnte mir vorstellen, dass er heute vehementen verbalen Attacken der Fans, besonders der gegnerischen Fans, ausgesetzt sein wird."

„Ja, das habe ich mir auch schon überlegt und werde nochmal nachlesen, was der DFB als Durchsage im Fall von Diskriminierung empfiehlt", erwiderte Stadelmann.

„Haben Sie eigentlich eine spezielle Ausbildung zum Stadionsprecher gemacht?"

„Nein, das gibt es gar nicht. Ich bin Journalist und arbeite in der Pressestelle des SC. Es gibt eine Richtlinie vom DFB, in der vorgegeben wird, wie ein Stadionsprecher zu agieren hat beziehungsweise welche Durchsagen in Ausnahmesituationen zu machen sind. Dazu gehört zum Beispiel auch die Deeskalation bei Ausschreitungen und so weiter."

„Gut, Ihre Telefondurchwahl habe ich. Das heißt, falls notwendig kann ich Sie mit meinem Handy direkt kontaktieren, richtig?"

„Genau. Und auch die Einsatzleiter von Polizei, Feuerwehr und Rettungsdienst haben die Nummer."

„In Ordnung, Herr Stadelmann. Dann will ich Sie nicht länger aufhalten. Hoffentlich reicht Ihnen die Zeit noch für die Vorbereitungen - gutes Gelingen!"

Damit erhob sich Seebacher, schüttelte Stadelmann erneut die Hand und verließ den „runden Tisch".

9
Dreizehn Uhr zwanzig

Obwohl der Zug nur gut zwei Stunden gebraucht hatte, waren Freddy und seine drei Kumpane schon ziemlich betrunken, als sie in Freiburg ankamen. Zur Feier des Tages hatte Angie ein paar Runden Bier und Schnaps spendiert. Sie hatten im Supermarkt eingekauft, die Flaschen auf Rucksäcke verteilt und im Zug fast alles getrunken.

„War ‘ne richtig geile Zugfahrt, diesmal“, meinte Steffen beim Aussteigen. Er stolperte und fiel der Länge nach auf den Bahnsteig. Tom und Mike halfen ihm auf.

„He! Reiß dich zusammen!“, schrie Freddy. „Sonst kriegst du nachher ja gar nix mehr vom Spiel mit!“

„Sch... - schon gut!“, lallte Steffen. „Bis wir im Stadion sind, bin ich wieder fit.“

„Ihr Idioten!“, giftete Angie die vier Typen an. „Wenn ich gewusst hätte, dass ihr so blöd seid, euch vor dem Spiel total zuzusaufen, dann hätte ich keinen ausgegeben!“

„Iss schon gut, Angie, so besoffen sind wir doch gar nicht“, versuchte Tom sie zu beruhigen. „Wir sind halt ein bisschen enttäuscht, dass du uns nicht in den Gästekäfig gelassen hast. Da is nämlich immer die beste Stimmung….“

Angie war in voller Eintrachtmontur gekleidet - mit Lederjacke, Eintrachtschal um den Hals, einen um jedes Handgelenk und bestimmt zehn Schals um die Hüfte herum im Gürtel steckend. Es sah aus, als trüge sie einen „Eintracht-Rock“. Außerdem eine schwarze Schirmmütze mit dem Frankfurter Adler. Mit ihren orangerot gefärbten Haaren, ihren energischen grünen Augen und einer

Bierflasche in der Hand strahlte die Mittfünfzigerin eine Autorität aus, die den deutlich jüngeren Männern Respekt einflößte. Selbst Freddy, ihr bulliger Anführer mit dem kurz geschorenen blonden Haar, dem alle am liebsten aus dem Weg gingen, wagte es nur selten, Angie zu widersprechen.
„Tom hat Recht. Ich sehe auch nicht ein, warum wir außerhalb des Käfigs sitzen sollen. Wir wollen stehen - und zwar im Käfig!“, brummte jetzt aber auch Freddy, durch viel Bier und Schnaps etwas mutiger geworden.
Angie wechselte sofort in einen versöhnlichen, erklärenden Ton: „Aber Jungs, das haben wir doch ausgiebig besprochen: Wir brauchen die besten und lautesten Fans heute dort, wo sie am meisten ausrichten können. Und das ist an der Stelle, wo wir direkten Kontakt zum Gegner haben! Dort spielt die Musik!.“
„Ja, das sehen wir ja ein. Aber trotzdem ist es mitten im eigenen Fanblock viel schöner! Und Sitzplätze sind einfach scheiße!“, warf Tom ein.
„Wir sitzen auf Tuchfühlung mit den Freiburg-Fans, und ich bin sicher, dass wir heute noch viel Spaß haben werden!“, bekräftigte Angie und sah alle vier nacheinander an. Erst als sie von jedem ein zustimmendes Nicken erhalten hatte, meinte sie: „Na also, dann lasst uns jetzt losziehen! Wir treffen noch die ‚Adler‘ in der Stadt und dann geht’s ins Stadion. Das wird ein richtig geiles Spiel - ihr werdet schon sehen!“
Angie hatte Wagner, „ihren“ SKB, der ein gutes Stück weiter an der Wand lehnte und sie beobachtete, sehr wohl bemerkt. Der Bulle, der sie zu allen Spielen begleitete, machte sie immer ein wenig nervös…

10
Dreizehn Uhr dreißig

Auf der sonnenüberfluteten Nordtribüne war die erste Welle von SC-Fans eingetroffen. Seebacher schätzte, dass schon circa ein Drittel der Plätze belegt war. Er gab über Funk die Anweisung an die Zivilbeamten durch, sich nun unauffällig „unters Volk“ zu mischen, und machte sich ebenfalls in Richtung Nordtribüne auf den Weg.

Sein Handy klingelte und Detlef Romeiko meldete, dass der Schiedsrichter und seine Assistenten eingetroffen seien. Also machte der Kommissar kehrt und eilte erneut hinüber zur Haupttribüne. Das Schiedsrichtergespann war von dem eigens vom Verein hierfür abgestellten Betreuer am Bahnhof abgeholt worden.

Die vier Männer erwarteten Seebacher in einem kleinen Besprechungsraum. Er war überrascht, dass alle in Anzügen mit weißem Hemd und Schlips steckten. Sie erinnerten ihn eher an Zeugen Jehovas als an Schiedsrichter und er musste kurz lächeln. Er schloss die Tür und erklärte dem Schiri-Gespann den Sachverhalt.

„…ich hoffe nicht, dass es so weit kommt, aber ich möchte Sie bitten, heute auch besonders auf das Geschehen auf den Rängen zu achten und bei Bedarf nicht vor einem Spielabbruch zurückzuschrecken“, beendete er seinen Vortrag.

„Unsere Aufmerksamkeit ist natürlich in erster Linie auf das Spielgeschehen gerichtet, das verstehen Sie sicher. Wenn aber eine Situation im Publikum entstehen sollte, die einen Spielabbruch rechtfertigt oder notwendig macht, werden wir

das tun. Dazu gibt es klare Regeln vom DFB", erklärte der Schiedsrichter.
„Gut", erwiderte Seebacher. „Ich wollte Sie, wie gesagt, nur darauf hinweisen, dass wir heute eine besondere Situation haben, und Ihr Augenmerk darauf richten."
Damit erhob er sich.
„Ich muss jetzt hinaus. Wir haben ein großes Aufgebot an Zivilbeamten, die sich unter das Publikum mischen, und ich muss verfügbar sein, wenn es Schwierigkeiten gibt."
„Dann viel Erfolg", wünschte der Schiedsrichter und erhob sich ebenfalls.

Die ersten Ankömmlinge waren hauptsächlich junge Zuschauer, denen es nichts ausmachte, vier bis fünf Stunden zu stehen. Sie bevölkerten allmählich die Stufen der Nordtribüne. Da hier die engagiertesten SC-Fans standen, war auf „Nord" immer viel los und Seebacher schätzte die Gefahr eines etwaigen Verbrechens an dieser Stelle sehr hoch ein. Er vermutete, dass sich der Täter an den Fans rächen wollte. Also hatte er sich selbst auf „Nord" eingeteilt, denn so war er an einem der Brennpunkte präsent, und an den beiden anderen aus seiner Sicht wichtigen Stellen hatte er ja Daniele und Norbert platziert.
Er suchte einen günstigen Platz ganz oben, von dem aus er einen guten Blick auf die im Zentrum der Tribüne stehenden Ultras hatte. Plötzlich ging ein Gemurmel durch die Umstehenden und Seebacher sah hinunter aufs Feld.
Zwischen den Trainerbänken bei der Haupttribüne waren gerade die vier Schiedsrichter herausgetreten. Der Kommissar beobachtete die Szene interessiert, denn er war

noch nie früh genug im Stadion gewesen, um diesen Vorgang verfolgen zu können. Die Inhaber von Sitzplatzkarten kamen immer erst kurz vor dem Anpfiff, denn sie hatten ihren Platz ja sicher.

Die Schiris schlenderten mit langen, gemessenen Schritten übers Feld. Durch die Art, wie sie mit gesenktem Kopf, als spähten sie nach Beute, vorsichtig über die Grünfläche stolzierten, sahen sie aus wie Störche. Zuerst gingen die Offiziellen hinüber zum Tor bei der Südtribüne und einer der sehr seriös und ernsthaft aussehenden Männer löste sich von der Gruppe. Er marschierte in den Schatten der Südtribüne hinein zum Tor und prüfte den Zustand des Netzes und dessen Befestigung durch wiederholtes Hineingreifen und Hochheben der Maschen.

Die anderen warteten plaudernd in der Sonne, bis er seine Inspektion beendet hatte, dann schritten sie gemeinsam entlang der Seitenlinie bei der Osttribüne hinauf zum anderen Tor auf der Nordseite. Jetzt hatten sie die Hände auf dem Rücken verschränkt, was sie noch mehr wie Störche aussehen ließ.

„Zum Glück sind die nicht weiß gekleidet“, dachte Seebacher und musste schon wieder lächeln.

Außer dem Schattenstreifen auf Süd lag das gesamte Spielfeld in der Sonne und leuchtete in den variierenden Grüntönen der Streifen im Gras, die vom Mähen in unterschiedlichen Richtungen herrührten.

Die Schiris hatten auch das zweite Tor überprüft und waren jetzt wieder bei den Trainerbänken angekommen, verschwanden aber nicht im Bauch der Haupttribüne. Offenbar gefiel es ihnen in der Sonne besser, denn sie schlenderten zum Mittelkreis, wo sie stehen blieben und sich unterhielten.

Um vierzehn Uhr verschwanden sie dann aber doch in den Katakomben, genau in dem Moment, als Seebachers Handy erneut klingelte…

11
Vierzehn Uhr

Angie, Freddy, Mike, Steffen und Tom waren mit einer Gruppe von circa dreißig Frankfurt-Fans in die Innenstadt gezogen. Sie wurden von den Einsatzkräften genau beobachtet und auch der SKB Wagner folgte ihnen in einiger Entfernung.
Am Bertoldsbrunnen sonderten sich Angie und ihre Begleiter von den anderen ab und gingen in Richtung Münsterplatz. Der SKB folgte ihnen, denn er wusste, dass diese fünf Fans zum harten Kern der Frankfurter Szene gehörten. Es war ungewöhnlich, dass sich kleinere Gruppen vom Haupttross abspalteten, und Wagner beschlich das ungute Gefühl, dass die etwas vorhatten.
Dieses Gefühl wurde zur Gewissheit, als die fünf vor dem Münster scheinbar zufällig auf eine weitere Gruppe, die „Frankfurter Adler", trafen, die ebenfalls zum harten Kern zählten. Sie waren zu neunt in einem Kleinbus von Frankfurt hierhergefahren - unter strenger Beobachtung durch Wagners Kollegen Kohler.
Angies Beobachter nahm das Handy hervor und rief Kohler an.
„Wo bist du?", fragte er.
„Ich sitze auf dem Brunnen. Hab' dich schon gesehen."
„Gefällt mir gar nicht, dieses kleine Stelldichein unserer Musterschüler mitten in Freiburg."
„Mir auch nicht - vor allem, weil die offensichtlich verabredet waren."

„Sehe ich auch so. Wir bleiben dran, und wenn etwas passiert, geben wir Steiff Bescheid.“
Die Frankfurter begrüßten sich mit viel Geschrei und Gejohle und fielen sich in die Arme.
Angie schlug dem Anführer der „Adler“ auf die Schulter und sagte lachend:
„Du hast die Adresse im Navi eingegeben und findest es?“
„Klar“, erwiderte der ebenfalls lachend.
„Gut - fahrt fünf, sechs Mal am Haus vorbei und dann: Ab ins Stadion!“
„Alles paletti!“, rief der Anführer und winkte seine Meute zusammen.
„Los Jungs, wir fahren!“
Angie und ihre Begleiter gingen zurück zum Bertoldsbrunnen, um mit der Straßenbahn zum Stadion hinaufzufahren, während die anderen zu ihrem Kleinbus am Karlsplatz zurückkehrten - beide Gruppen mit „ihrem“ SKB im Schlepptau.

Seebacher nahm ab.
„Hallo, Seebacher hier.“
„Nochmal Romeiko - der Frankfurter Mannschaftsbus ist gerade vorgefahren. Sie wollten auch noch mit Armin Veh sprechen.“
„Ja, genau. Vielen Dank, dass Sie mich gleich anrufen. Wo und wann kann ich ihn am besten treffen?“
„Ich gehe selbst hinunter und spreche mit ihm. Sagen wir in circa zehn Minuten vor der Mannschaftskabine der Gäste?“
„Ok, alles klar. Ich werde da sein“, erwiderte Seebacher, unterbrach die Verbindung und machte sich auf den Weg.

Romeiko erwartete Seebacher zusammen mit Armin Veh bereits, als der Kommissar vom Spielfeld her in den Flur trat. Seebacher reichte Veh die Hand.
„Guten Tag, Herr Veh. Mein Name ist Seebacher. Ich bin Hauptkommissar bei der Kripo Freiburg und würde gerne ganz kurz mit Ihnen sprechen.“
„Kein Problem“, antwortete der Trainer. „Herr Romeiko hat mir schon grob erklärt, worum es geht.“
Romeiko zeigte auf eine Tür nur ein paar Schritte entfernt.
„In dem Raum da drüben können Sie sich ungestört unterhalten“, meinte er und ging auf die Tür zu.

„Herr Veh, ich will es kurz machen“, eröffnete Seebacher das Gespräch, nachdem Romeiko den Raum verlassen hatte. „Die Situation ist die, dass heute hier im Stadion jemand ein Verbrechen verüben will, wir aber nicht wissen, was der oder die Unbekannte plant. Wir können nicht ausschließen, dass diese Person - vielleicht sind es auch mehrere - Aufruhr stiften und eine Massenpanik auslösen möchte.“
Er sah Veh nachdenklich an, so als müsse er seine Gedanken sortieren.
„Weshalb ich Sie sprechen wollte: Um Ausschreitungen im Stadion zu vermeiden, möchte ich Sie bitten, auf Ihre Spieler dahingehend einzuwirken, dass sie heute mehr als sonst darauf achten, fair zu spielen. Also keine rüden Fouls, keine Schwalben und so weiter. Solche Situationen lassen die Wut beim Publikum immer sehr schnell hochkochen.“
Seebacher wartete ab und sah Veh gespannt an, denn ihm war klar, dass ein Trainer das, was er eben gesagt hatte, sehr

wohl als Unterstellung und Beleidigung auffassen konnte. Nur für ein sensibleres Vorgehen fehlte Seebacher einfach die Zeit.
Aber der Trainer von Frankfurt reagierte sehr ruhig, vernünftig und absolut souverän.
„Ich gehe jetzt mal davon aus, dass Sie nicht der Meinung sind, Schwalben und rüde Fouls seien das übliche Rezept meiner Mannschaft, einen Sieg zu erringen?“, antwortete Veh mit angenehmer Stimme und lächelte dabei so, dass Seebacher sich nicht genötigt sah, die Frage zu beantworten, sondern nur zustimmend nickte und ebenfalls lächelte.
„Ich habe mit meinen Spielern sowieso schon über Sebastian Bühler, den ich als Fußballer übrigens sehr schätze, gesprochen, und ich denke, ich werde das in der Mannschaftsbesprechung gleich nachher als Aufhänger nehmen. Ich werde meinen Spielern erklären, dass sein Outing heute mit Sicherheit zu aggressiver Stimmung im Stadion führen wird und dass ich von ihnen erwarte, dass sie dem mit allen Mitteln entgegenwirken, die ihnen zur Verfügung stehen, also durch ihr Verhalten gegenüber dem Schiedsrichter, ihre Spielweise und ihre Gestik im Umgang mit den Freiburger Spielern und ganz besonders auch in Richtung Zuschauer.“
„Das halte ich für eine sehr gute Idee. Vielen Dank“, kommentierte Seebacher erleichtert das Vorhaben Vehs.
„Versprechen kann ich Ihnen aber nichts, denn auf der anderen Seite verlange ich von den Spielern allerhöchste Konzentration auf den Ball. Das geht bei manchen so weit, dass sie zeitweise mit einem Tunnelblick über den Rasen laufen und von dem Geschehen außerhalb des Platzes so gut

wie nichts mitbekommen. Und genau diese extreme Konzentration bewirkt, dass ein Spieler einen Tick eher am Ball ist als der Gegner. Diese Zehntelsekunde, die einer gedanklich und damit auch körperlich schneller ist als sein Gegenspieler, ist oft spielentscheidend. Das bedeutet, ich kann der Mannschaft vor dem Spiel viel erzählen, aber wenn der Ball mal rollt, wird ein Teil davon in den Köpfen nicht mehr gegenwärtig sein."

„Das verstehe ich voll und ganz", erklärte Seebacher und erhob sich.

„Ich bedanke mich jedenfalls ganz herzlich für Ihr Verständnis und dafür, dass Sie mir ein wenig Ihrer wertvollen Zeit so kurz vor dem Spiel geschenkt haben."

„Jetzt bleibt mir nur noch, uns allen ein gutes Spiel ohne Zwischenfälle zu wünschen. Alles Gute Ihnen und vielen Dank", schloss Seebacher das Gespräch und reichte Veh die Hand.

Draußen trafen die ersten Fans der Gastmannschaft ein. Daniele zog seinen Frankfurtschal hervor und mischte sich unter das ausgelassene Volk. Viele Frankfurter hatten im Zug bereits ordentlich getankt und die Stimmung war sehr ausgelassen. Daniele fand schnell Kontakt im Käfig und unterhielt sich mit den angeheiterten Fans, immer ein offenes Auge für das, was um ihn herum geschah.

Norbert hatte seinen Sitzplatz auf der Gegengerade bezogen und beobachtete ebenfalls die ankommenden Frankfurt-Fans. Er war tatsächlich im Freiburg-Block ganz außen positioniert und die Frankfurter stiegen schwatzend und lachend direkt an ihm vorbei die Treppe hinauf.

12
Vierzehn Uhr zehn

Die „Adler“ kamen mit dem Kleinbus nur langsam vorwärts, denn überall waren Staus. Als sie endlich am Schwabentor vorbei waren und auch die Schwarzwaldstraße überquert hatten, kamen sie in die Wiehre, und es wurde spürbar ruhiger. Sie fuhren die Hildastraße vor, bogen dann in die Erwinstraße, die sie hinauffuhren bis zur Dreikönigstraße. Hier bogen sie links ab, fuhren bis zur nächsten Kreuzung und bogen nochmal links ab in die Zasiusstraße.

Als sie an der nächsten Kreuzung wieder links in die Hildastraße abfuhren, schüttelte Kohler im Auto hinter ihnen den Kopf:

„Was machen denn die für eine Scheiße?“, schimpfte er vor sich hin und bog ebenfalls ab.

Diesen Rundkurs machte er bestimmt drei Mal mit, dann nahm er das Handy heraus und rief Norbert an.

„Hier Kohler.“

„Ja, Herr Kohler, was gibt’s?“, fragte Norbert.

„Ich bin an einigen Frankfurter Fans dran, die mit einem Kleinbus unterwegs sind und hier schon seit rund zehn Minuten ständig im Kreis fahren. Irgendetwas stimmt da nicht. Die haben was vor - aus Spaß machen die das sicher nicht.“

„Wo sind Sie genau?“, erkundigte sich Norbert.

„In einem Viertel mit vielen schönen, alten Häusern.“

Er sah auf sein Navi.

„Im Moment sind wir in der Hildastraße und biegen gleich zum bestimmt fünften Mal in die Erwinstraße ein.“

„Scheiße!“, entfuhr es Norbert. „Da wohnt der junge Fan, der 2001 von Frankfurtern zusammengeschlagen wurde und jetzt querschnittsgelähmt ist. Bleiben Sie unbedingt dran. Ich werde versuchen, Ihnen Verstärkung zu ….“
„Warten Sie!“, unterbrach ihn Kohler. „Jetzt sind sie nicht mehr in die Dreikönigstraße abgebogen, sondern fahren geradeaus weiter auf der Erwinstraße.“
„Ok, dann schicke ich vorerst niemanden. Ich hoffe, die machen jetzt, dass sie ins Stadion kommen!“
„Alles klar. Ich melde mich wieder, wenn etwas vorfällt.“
„Gut - vielen Dank!“, erwiderte Norbert und legte auf.
Nachdenklich sah er in die Runde.
Weshalb waren diese Mistkerle genau am Haus des Opfers von 2001 vorbeigefahren? Und das gleich mehrere Male? Zufall war das keiner, da war er sich sicher. War das Provokation einer primitiven Fangruppe oder gehörte es zum Plan des Briefschreibers? Er wurde das Gefühl nicht los, dass hier eine ganz üble Geschichte abgezogen wurde. Mit zusammengezogenen Augenbrauen schaltete er den Funk an und berichtete seinem Chef.
„…das hängt hundertprozentig mit dem anonymen Brief zusammen, da bin ich mir sicher“, meinte Seebacher.
„Ruf Kohler nochmal an und sag ihm, er soll uns nachher den Standpunkt der Gruppe im Stadion durchgeben!“
„Mach ich“, antwortete Norbert.

Einige Plätze im Frankfurter Abschnitt waren bereits besetzt, als Angie mit ihren Freunden eintraf. Sie ging voraus und die anderen folgten ihr schweigend. Ihre Plätze lagen zentral im Block und Angie nahm den ersten ein. Freddy setzte sich neben sie, die anderen ließen sich auf den drei folgenden Plätzen in Richtung Käfig nieder. Die Männer hatten eine Wurst und ein Bier in der Hand, Angie trank eine Fanta. Als einige Frankfurter im Käfig Angie erkannten, wurden die Neuankömmlinge mit großem Hallo begrüßt. Lachend winkten sie zurück und prosteten den Freunden zu.

Seebacher holte sich eine Cola und eine lange Rote, dann setzte er sich auf die Stufen der Nordtribüne. Unten waren zwei Herren in Schwarz und drei rot-schwarz gekleidete junge Männer, offenbar Spieler von Eintracht Frankfurt, auf den Rasen hinausgetreten. Seebacher konnte nicht erkennen, ob die Schwarzen Schiris oder andere Offizielle waren.
Auch die ersten Fotografen postierten sich neben den Trainerbänken. Über die Lautsprecher sang eine angenehm weiche Frauenstimme zu ruhigen Rhythmen.
Es war ein warmer Spätsommertag, die Luft war klar, die Sonne schien, und für einen Moment genoss Seebacher diese herrliche Stimmung. Die noch dünn gesäten Zuschauer standen in Grüppchen beieinander und unterhielten sich in offensichtlich freudiger Erwartung des Spiels. Seebacher fiel das Gespräch vom Morgen mit Daniele und Norbert ein, bei dem sie über die andächtige, fast religiöse Stimmung im menschenleeren Stadion geredet hatten, und es kam ihm vor, als sei das eine Ewigkeit her.
Um vierzehn Uhr zwanzig kam die erste Durchsage des Stadionsprechers, begleitet von tiefen, dröhnenden Rhythmen:

„So, liebe Fußballfreunde. Ich darf Sie ganz herzlich zum siebten Spieltag im Mage-Solar-Stadion begrüßen. Der heutige Gegner ist die Frankfurter Eintracht!“

Es folgte eine Werbedurchsage für Radio FM und anschließend eine Ansage durch einen jungen Mann am Spielfeldrand.

Auch er begrüßte die Zuschauer zur heutigen Begegnung und kommentierte den aktuell schlechten Punktestand des Sportclubs. Er beendete seine Ansprache, indem er seine Hoffnung kundtat, dass sich das Punktekonto nun bald verbessern möge.

Die Spieler des Sportclubs befanden sich immer noch in der Mannschaftsbesprechung mit den Trainern, in der letzte taktische Aspekte besprochen wurden, während draußen Interviews mit Christian Streich und Julian Schuster auf den Videowänden liefen. Auch am Spielfeldrand interviewte eine blonde Lady von Sky einen jungen Mann. Wen sie da befragte, konnte Seebacher nicht erkennen.

Die Musik wurde langsam lauter, die Bässe dröhnten schon mehr als zu Beginn und auf dem Platz lief die Rasensprenganlage an. Die Wasserfontänen blitzten im Sonnenlicht.

Die Nordtribüne war jetzt schon beinahe komplett besetzt, ebenso die Stehplätze auf Süd und auch der Käfig hatte sich zu ungefähr drei Vierteln gefüllt. Auf den Sitzplatzrängen konnte Seebacher nur vereinzelt Zuschauer ausmachen.

Norberts Handy klingelte.

„Hier Kohler - wir sind jetzt im Stadion. Die Gruppe steht im Käfig in Blickrichtung ganz rechts am Zaun, der an die Osttribüne grenzt.“

Norbert rief sofort Daniele an und erklärte ihm die Lage.
„In Ordnung, ich hab‘ den Bereich gut im Blick. Wenn mir etwas auffällt, melde ich mich sofort“, versprach Daniele und legte auf. Die „Adler“ hatten eben Angie entdeckt und winkten mit viel Gebrüll hinüber zur Osttribüne.

Um vierzehn Uhr dreißig kam Baumann samt Torwarttrainer zum Warmspielen aufs Feld. Die eingefleischten Freiburg-Fans auf der Nordtribüne begrüßten ihn lautstark: „Oli-ver Baumann!“, riefen sie und klatschten mehrmals im Takt. Dieses Spiel wiederholte sich ein paar Mal, ehe es wieder abflachte und die Zuschauer den nach Bällen hechtenden Keeper des SC beobachteten.

Jetzt verkündete der Stadionsprecher zum ersten Mal den von Seebacher formulierten Text:
„Liebe Zuschauer, das Spiel SC Freiburg - Eintracht Frankfurt wird circa dreißig Minuten später beginnen, weil zu Ihrer Sicherheit heute sehr genaue Kontrollen am Eingang durchgeführt werden. Wir bitten Sie um etwas Geduld und bedanken uns für Ihr Verständnis.“
Die Ankündigung verhallte ohne große Reaktionen im Stadion, nur aus dem Käfig waren vereinzelte Pfiffe zu hören.
Nach einer weiteren Werbepassage kam gegen vierzehn Uhr fünfundvierzig der gegnerische Torwart auf den Platz. Die Begrüßung aus dem „Käfig“ ging im Pfeifkonzert der Nordtribüne unter.
Zehn Minuten später verkündete der Stadionsprecher:

„Liebe Stadiongäste! Hier kommt die Mannschaft unseres Sportclub Freiburg!!!“

Zwischen den Trainerbänken traten nun die Feldspieler des SC auf den Rasen, und das ganze Stadion, vor allem aber die voll besetzte Nordtribüne, tobte. Die Trommeln schlugen immer denselben Rhythmus, gefolgt von einem gemeinschaftlichen Abschlussruf:

„Bumm - Bumm - Bumbumbum - Bumbum - Bum - Bum - Bumbum - FREIBURG!!!“, dröhnte es durchs Stadion und Seebacher spürte wieder dieses altbekannte, aufgeregte Kribbeln im Bauch.

Kurz darauf kamen auch die Frankfurter Spieler aufs Feld. Von der Nordtribüne hallten Pfiffe und aus der Frankfurtecke erschollen Sprechchöre. Die Stimmung stieg.

Bundestrainer Jogi Löw wollte unbedingt zum Spiel des SC, denn da waren doch einige Nachwuchsspieler herangereift, die er sich mal aus der Nähe ansehen musste.

Er war relativ gut hergekommen, denn er kannte die Schleichwege durch die Wiehre hinauf zum „Schützen“, und selbst von dort bis zum Stadion war es ganz gut gelaufen. Jetzt bog er auf den SC-Parkplatz ein. Er brauchte keinen Ausweis. Die Ordner erkannten den Trainer der Nationalmannschaft sofort, grüßten und winkten ihn lächelnd durch.

Schwungvoll faltete er sich aus seinem Mercedes und ging mit federnden Schritten über den Parkplatz hinüber zur Haupttribüne. Den Mann mit Pferdeschwanz, der eine Zigarette drehend beim Eingang an der Wand lehnte und ihn verstohlen beobachtete, bemerkte er nicht. Löw schien die

Blicke der Leute zu genießen, die ihn sahen, sich mit einem zweiten Blick noch einmal vergewisserten, ob er es tatsächlich war, um dann aufgeregt ihrer Begleitung etwas zuzuflüstern. Freundlich lächelnd schritt er zielbewusst zum Eingang und hinauf zu dem Platz, der immer für ihn reserviert war. Nach etlichen Smalltalks mit Mitarbeitern des Vereins, mit Presseleuten und Zuschauern, die er zu kennen schien, nahm er Platz und lehnte sich entspannt zurück.
Am oberen Ende der Treppe, direkt neben der Kabine des Stadionsprechers, trat der großgewachsene Fremde seine Kippe aus, warf den Pferdeschwanz über die Schulter zurück und schritt langsam die Stufen hinab.

Die Mannschaften absolvierten ihr Aufwärmtraining und beim Warmschießen aufs Tor hörte man hin und wieder Applaus, wenn einer der Spieler den Ball unter die Latte hämmerte.
Am sonnigen Spielfeldrand gab ein ehemaliger SC-Spieler, es war Andreas Zeyer, ein Interview, das über die Lautsprecher zu hören war. Bis jetzt verlief alles vollkommen normal, nur vor den Eingängen wollten die Zuschauerschlangen nicht abnehmen. Das Sicherheitspersonal führte die angeordneten Kontrollen sehr genau und gewissenhaft durch. Frauen wurden an einem separaten Eingang von weiblichem Wachpersonal durchsucht.
Am Gästeeingang gab es erste Reibereien, aber die dort postierten Beamten konnten den ungeduldigen Fans die Notwendigkeit der Kontrollen plausibel machen - sie waren ja auch im Interesse ihrer eigenen Sicherheit angeordnet worden.

Per Handy meldete sich Romeiko: „Herr Seebacher, es tut mir leid, aber das habe ich in dem ganzen Trubel der letzten Tage völlig vergessen: Joachim Löw, der Bundestrainer, hatte sich für heute angemeldet und ist eben eingetroffen. Er will sich einige Spieler ansehen."
„Oh Mann! Auch das noch", dachte Seebacher und fragte: „Wo wird er sitzen?"
„Er hat einen festen Platz auf der Haupttribüne, direkt neben den Reportern", erwiderte Romeiko.
„Ok, ich werde einen Zivilbeamten auf ihn abstellen. Da der Unbekannte von einer Aktion sprach, die Wellen schlagen wird, könnte Löw eventuell das Ziel eines Anschlages sein."
„In Ordnung", gab Romeiko zurück.
„Sind noch andere prominente Überraschungen zu erwarten?", erkundigte sich Seebacher.
„Nein, uns ist zumindest nichts bekannt", war die halbwegs beruhigende Antwort Romeikos.
Der Hauptkommissar nahm Verbindung zu den Zivilbeamten auf und ordnete an, dass sich ein Mann ausschließlich der Bewachung des Bundestrainers annahm. Dann richtete er seinen Blick wieder auf den Spielfeldrand: Die aufgedonnerte Blondine von Sky interviewte jetzt die Trainer, und direkt dahinter, an der Seitenauslinie bei der Haupttribüne, stellten sich Kinder in weißen Trikots auf. Sie warteten auf den Einlauf der Mannschaften, die sie mit aufs Feld begleiten würden.
Das Programm war offenbar von den Verantwortlichen gestreckt worden, denn zehn Minuten vor dem regulären Anpfiff verließen weder die Freiburger noch die Frankfurter Spieler, wie sonst üblich, den Platz.

Erneut kam die Durchsage:
„Liebe Zuschauer, das Spiel SC Freiburg - Eintracht Frankfurt wird circa dreißig Minuten später beginnen, weil zu Ihrer Sicherheit heute sehr genaue Kontrollen am Eingang durchgeführt werden. Wir bitten Sie um etwas Geduld und bedanken uns für Ihr Verständnis."

Um fünfzehn Uhr fünfunddreißig verschwanden die Mannschaften in die Kabinen zum Umziehen und zu einer letzten Ansprache vor dem Spiel durch den Kapitän und heute auch noch einmal durch den Trainer.
Christian Streich mahnte eindringlich zur Besonnenheit, da die gegnerischen Fans extrem reizbar seien. Er hatte der Mannschaft nichts von dem anonymen Briefschreiber gesagt, denn sie sollte den Kopf für das Spiel frei haben. Im Gästebereich tat Armin Veh dasselbe.
Draußen lief eine circa fünfzehnminütige Mischung aus Werbung und lockerer Musik, die im Fünf-Minuten-Takt immer wieder von der gleichen Informationsdurchsage wegen des verspäteten Anpfiffs unterbrochen wurde.

Der Zivilbeamte, der auf Jogi Löw angesetzt war, meldete sich bei Seebacher: „Eben hat sich ein Mann genau hinter Löw gesetzt, der nicht sehr vertrauenerweckend aussieht."
„Warum, was ist an ihm Besonderes?", erkundigte sich Seebacher.
„Er hat Tarnklamotten und Springerstiefel an, sieht total ungepflegt aus - unrasiert, Pferdeschwanz - und er hat so einen stechenden Blick. Außerdem ist das ein Schrank von

einem Kerl. Wenn der auf Löw losgeht, kann ich alleine ihn nicht halten.“
„Ok, dann nehmen Sie sich noch einen zweiten Mann dazu und melden Sie es, wenn er sich verdächtig benimmt“, ordnete Seebacher an.

An den Eingängen kam es zu ersten Auseinandersetzungen, und zwei besonders aggressive Gästefans wurden festgenommen. Diese Nachricht sorgte im Käfig schon vor Anpfiff für Hohngesänge gegen die Heimmannschaft und „Scheiß SC - scheiß SC!“-Rufe, was die Anspannung Seebachers, der nach den Nachrichten von der Haupttribüne sowieso schon beunruhigt war, noch deutlich steigerte. Gehetzt blickte er ständig um sich und versuchte, die auf ihn hereinprasselnden Informationen zu sortieren und einzuordnen.

13
Fünfzehn Uhr fünfundvierzig

Großkopf hatte Seebacher auf dem Handy angerufen. Er wollte sich selbst ein Bild von der Situation machen und stand nun neben seinem Hauptkommissar weit oben auf der Nordtribüne.

„Wir kriegen den Kerl“, versuchte er Seebacher zu beruhigen, doch der schüttelte langsam den Kopf und blickte über die Ränge.

Eigentlich sollten alle Zuschauer längst auf ihren Plätzen sitzen beziehungsweise stehen.

„Wenn ich nur wüsste, wo ich ansetzen soll. Was wir hier suchen, ist die berühmte Nadel im Heuhaufen“, murmelte er.

Eben verlas der Stadionsprecher erneut den von ihm verfassten Text:

„Liebe Zuschauer, das Spiel SC Freiburg - Eintracht Frankfurt wird circa dreißig Minuten später beginnen, weil zu Ihrer Sicherheit heute sehr genaue Kontrollen am Eingang durchgeführt werden. Wir bitten Sie um etwas Geduld und bedanken uns für Ihr Verständnis.“

Gellende Pfiffe aus dem Frankfurter Fanblock, jetzt aber auch von den Rängen der Freiburger Fans waren die Antwort auf die Durchsage.

Seebacher fühlte sich machtlos und hatte Mühe, klar zu denken.

„Wir haben getan, was wir konnten. Jetzt bleibt uns nur noch abzuwarten, alles im Auge zu behalten und zu hoffen, dass wir ihn fassen“, meinte Großkopf, doch Seebacher stand der Sinn nicht nach Floskeln und frommen Wünschen.

Unauffällig schaltete er sein Funkgerät aus und tat so, als würde er angefunkt.
„Ja? Wo?“, sagte er in das abgeschaltete Gerät. „Ok, ich komme.“
Er drehte sich zu Großkopf um und erklärte: „Ich muss Sie leider verlassen. Ein Zivilbeamter hat etwas Verdächtiges entdeckt und bittet mich, zu ihm herüberzukommen.“
„Kein Problem! Gehen Sie nur. Ich muss sowieso gleich wieder weg“, entließ ihn sein Chef mit einer gnädigen Geste seiner Rechten, worauf Seebacher davoneilte.
Die nächsten zwanzig Minuten vergingen, und jede erneute Durchsage, die die Verzögerung an den Eingängen erklärte und den Anpfiff um weitere fünf Minuten nach hinten verschob, wurde noch heftiger ausgepfiffen, von allen Zuschauern.

Um sechzehn Uhr fünfzehn kam endlich die Verlesung der Mannschaftsaufstellung von Eintracht Frankfurt, was im Gästeblock wieder für etwas mehr Ruhe sorgte. Der Stadionsprecher verkündete:
„Liebe Zuschauer, ich begrüße Sie ganz herzlich im ausverkauften Mage-Solar-Stadion und präsentiere Ihnen nun die Mannschaftsaufstellung des heutigen Gegners - Eintracht Frankfurt.“
Der Sprecher hatte das in erzählerischem, beinahe gelangweiltem Ton angekündigt und die Reaktionen im Publikum waren sehr verhalten.
Genauso neutral, fast monoton wurde nun die Liste der Frankfurter Spieler verlesen:
„Mit der Nummer 1 im Tor: Kevin Trapp,

mit der Nummer 4...“

Nachdem die Aufstellung der gegnerischen Akteure zu einem Großteil heruntergelesen war, kam der Sprecher nun zu einem Spieler, der bis vor kurzem noch in Freiburg gespielt hatte:

„...und mit der Nummer 17: Jan Rosenthal, der früher ja mal sehr beliebt war in Freiburg!“

Gellende Pfiffe auf den Freiburger Rängen waren die Reaktion und im Frankfurtblock wurde lautstark geschimpft.

Der Sprecher fuhr fort:

„Mit der Nummer 18: Johannes Flum, noch ein ehemaliger treuer Freiburger...“

Im Frankfurter Sitzblock sprang Angie auf und brüllte:

„Was soll der Scheiß? Die haben bei euch ihren Job gemacht und jetzt sind sie halt zu einem besseren Verein gegangen! Ihr seid scheiß Verlierer!“

Sie sah Freddy und die anderen an, forderte sie mit rudernden Armen auf, aufzustehen, und schrie: „Scheiß Verlierer! Scheiß Verlierer!“

Die vier jungen Männer sprangen hoch und brüllten mit.

Nach und nach machte der gesamte Frankfurter Sitzblock mit und der Funke sprang auf den Käfig über, von wo aus er auch die darüber liegenden Sitzplätze erfasste. Bierbecher flogen und die Freiburger Fans quittierten das Verhalten der Frankfurter mit einem durchdringenden Pfeifkonzert.

Jetzt stimmten die Gästefans Gesänge auf die Melodie der Fernsehserie „Flipper“ an. Der Text war nicht dazu angetan, die Gesamtstimmung im Stadion zu verbessern: „Ä-Häss-Ze-Freiburg - Freiburg - zwaheite Liga - oh ist das schön Euch nie mehr zu sehn...“

Norbert blickte in den angrenzenden Gästeblock und ihm wurde mulmig, als er all die hassverzerrten Gesichter sah. Daniele im Käfig ging es genauso.
Ordner liefen am Spielfeldrand vor dem Käfig auf, doch die Wut bei den Gästen wurde dadurch nur noch verstärkt.
Seebacher sprach über Funk den Einsatzleiter der Polizei an.
„Hier Seebacher. Bitte die Ordner vom Gästeblock wieder abziehen. Die flippen sonst noch aus."
„In Ordnung! Wird veranlasst", erwiderte der Einsatzleiter.
Es dauerte ein paar Minuten, bis die Ordner verschwunden waren, und tatsächlich beruhigten sich die Fans wieder.
Der Stadionsprecher beendete die Verlesung der Mannschaftsaufstellung:
„Auswechselspieler der Frankfurter Eintracht sind:
Mit der Nummer...
Und als Trainer begrüßen wir: Armin Veh!
Außerdem begrüßen wir unter dem Motto „Fair geht vor" die Fans von Eintracht Frankfurt, hoffen auf ein schönes und faires Spiel und bitten deshalb die Gästefans schon jetzt darum, sich sportlich zu verhalten und ihre Schmähgesänge zu unterlassen."
Er wartete bis das Frankfurter Pfeifkonzert als Quittierung seiner Aufforderung abebbte, dann hallten über die Lautsprecher Fanfaren durchs Stadion - die Einleitung zum Badnerlied.
Die Freiburg-Fans auf den Sitzplatztribünen erhoben sich und jeder, der einen Schal hatte, hielt ihn nun mit beiden Händen gespannt über dem Kopf. Das ganze Stadion, mit Ausnahme der Frankfurter, sang: „Das schönste Land in Deutschlands Gaun, das ist das Badnerland..."

Einige Frankfurt-Fans pfiffen, aber sehr viele blieben still. Sie schienen den Klängen zu lauschen und den Anblick tausender Schals auf sich wirken zu lassen.
„Vielleicht wird es ja doch ein ganz normales Spiel", überlegte Seebacher, der die Beruhigung der Situation erleichtert registrierte.
Nachdem das Badnerlied verklungen war, kamen von Nord wieder die Trommelrhythmen gefolgt von „Freiburg"-Rufen. Die Beschallung mit höchster Lautstärke und extremen Bässen vibrierte ununterbrochen durchs Stadion, denn jetzt folgte nahtlos das SC-Lied, bei dem die Freiburg-Fans ebenfalls lauthals mitsangen. Sie ließen beim Refrain die zwischenzeitlich auf halbe Länge zusammengelegten Schals über den Köpfen kreisen und auch das wurde von vielen Frankfurter Anhängern still beobachtet. Seebacher schlug den Takt mit dem Fuß, denn spätestens zu diesem Zeitpunkt wurde er regelmäßig von der erwartungsfrohen Spannung im Stadion gepackt. Unten liefen die Balljungen auf den Platz und verteilten sich auf die vier Seiten des Feldes. Genauso nahtlos kam nach dem SC-Lied die Mannschaftsaufstellung des Sportclubs.
Der Stadionsprecher verkündete:
„Liebe Zuschauer, Ehrmann präsentiert Ihnen nun die Mannschaftsaufstellung unseres SC - FREIBURG! Ehrmann! - Keiner - macht mich mehr an!"

Er hatte bei dieser Ankündigung ständig Stimmhöhe, Lautstärke und Sprechtempo verändert und dadurch eine derartige Begeisterung hineingelegt, dass diese sofort auf die Freiburger Fans übersprang. Die jetzt ausgerollten Fahnen wurden aufgeregt geschwenkt. Zur Erhöhung der Spannung machte der Sprecher an den entsprechenden Stellen kurze Pausen.

Im gleichen Stil ging es weiter:

„Im Tor! - Mit der Nummer eins!! - Oli-veeeer!!! -...“

Von allen Tribünen hallte es: „BAUMANN!!!!!“

„Mit der Nummer...“, setzte er die Verlesung der Mannschaftsaufstellung fort.

Die Stimmung war bestens, bis der Sprecher zur Nummer Dreizehn kam. Er verkündete:

„Mit der Nummer Dreizehn! - Sebastiaaaaan!!“

Aus der Frankfurter Ecke erschollen sofort Sprechchöre: „Schwu- Schwu - Schwuchtel! Schwu- Schwu - Schwuchtel!“, und jedem war klar, dass diese Beleidigung unter einer großen Zahl von Frankfurt-Fans abgesprochen sein musste.

Der Stadionsprecher sah sich gezwungen, die Verlesung der Mannschaftsaufstellung zu unterbrechen und die Gästefans zurechtzuweisen.

„An die Fans im Gästeblock: Fußball verbindet. Wir sind in Freiburg bekannt für unsere Offenheit gegenüber allen Menschen. Wir dulden euer Verhalten hier im Stadion nicht und fordern euch auf, diese diskriminierenden und beleidigenden Sprechchöre sofort einzustellen!“

Offenbar beeindruckte das die Frankfurter Fans aber wenig, denn die Rufe gingen weiter: „Schwu- Schwu - Schwuchtel! Schwu- Schwu - Schwuchtel!“

Doch nun setzte der Rest des Stadions zum Gegenangriff an. „Ihr seid scheiße, wie der VfB!!“, schrien die einheimischen Fans mehrmals nacheinander und wechselten dann zu

„Frankfurter - Arschlöcher!“, das sie so lange brüllten, bis aus der Frankfurter Ecke nichts mehr zu hören war. Um ihrem Spieler zu zeigen, dass sie hinter ihm standen, folgten noch mehrere „Sebü - Fußballgott! Sebü - Fußballgott!“, und dann fuhr der Stadionsprecher mit der Mannschaftsaufstellung fort. Nach zwei, drei Namen hatte sich die Lage beruhigt und dann war wieder echte Freude auf das Spiel zu spüren. Seebacher hatte nun Gelegenheit, einen jungen Mann mit SC-Schal und Mütze zu beobachten, der vorsichtig die Treppen hinabstieg, fast so, als hätte er Schmerzen beim Gehen. Er hielt den Kopf gesenkt, sah nicht nach rechts und nicht nach links. Als in der Nähe ein Trommler auf sein Instrument eindrosch, fuhr er zusammen, sah kurz in Richtung des Trommlers und ging dann schnell weiter.

„Na, das scheint ja ein ziemlich schüchterner Fan zu sein, oder er ist zum ersten Mal im Stadion“, dachte Seebacher bei sich und folgte dem Mann mit den Blicken.

Ungefähr auf halber Höhe der Tribüne schwenkte der Fan in eine Zuschauerreihe ein, wo er sofort lautstark begrüßt wurde.

Kaum stand der Mann bei seinen Fankollegen, sie befanden sich im Block der Freiburger Ultras, streckte er die Faust nach oben und skandierte zusammen mit den anderen: „Hier - regiert - der SCF! Hier - regiert - der SCF!“

So deutlich war es Seebacher noch nie aufgefallen: Der offenbar eher ängstliche junge Mann wurde, sobald er sich seinem „Rudel“ angeschlossen hatte, zum mutigen und aggressiven Fan, der auch zu Schmähungen des Gegners fähig war und jegliche Schüchternheit von einer Sekunde zur

anderen abgelegt hatte. Mit leichtem Kopfschütteln schloss der Kommissar seinen Gedankengang ab und ließ den Blick in die Runde schweifen.
Bei den Trainerbänken war ein Kamerateam aufs Feld gekommen, das die zum Einlauf bereitstehenden Mannschaften filmte. In voller Lautstärke und derart dröhnenden Bässen, dass das Stadion vibrierte, kam jetzt „Joker and the thief“ von „Wolfmother“ über die Lautsprecher und die Akteure liefen, angeführt vom Schiedsrichterteam, auf den Rasen. Jeder Spieler hatte ein weiß gekleidetes Kind an der Hand und der Lärm im Stadion schwoll durch die Fangesänge, die Rufe und das Trommeln so stark an, dass sich einige Kinder unter den Zuschauern die Ohren zuhielten.
Als die kleinen weiß gekleideten Fußballerinnen und Fußballer vom Feld gerannt waren, sich beide Mannschaften gegenseitig abgeklatscht und den Schiris die Hände geschüttelt hatten, wurde ausgelost, welches Team auf welcher Seite beginnen würde. Freiburg spielte die erste Halbzeit von Nord nach Süd und der Freiburger Keeper wurde lautstark von der Nordtribüne in seinem Tor empfangen.
Die Fans riefen „Oli-ver Baumann!“, klatschten ein hektisches Intermezzo, um dann ihren Ruf zu wiederholen: „Oli-ver Baumann!“
Der Torwart winkte noch kurz, aber dann galt seine volle Aufmerksamkeit dem Platz, denn zwischenzeitlich hatte der Schiedsrichter die Partie mit einstündiger Verspätung angepfiffen.

14
Neun Jahre vorher

Aufgrund der Täterbeschreibung des großen Blonden konnten zunächst er und anschließend auch die drei anderen Hooligans gefasst und vor Gericht gestellt werden. Die Verhandlung zog sich über mehrere Wochen hin. Melanies Vater war bei allen Gerichtsterminen zugegen, während die Mutter sich zu Hause mit ihrer Tochter von der Außenwelt abschottete. Sie wollte sich selbst die Qualen ersparen und auch Melanie in diesen schweren Stunden nicht alleine lassen. Meist saßen sie schweigend im Wohnzimmer, bis der Vater bedrückt und ebenso schweigsam heimkehrte.

Endlich kam es zur Urteilsverkündung: Die vier Vergewaltiger wurden zu fünf Jahren Haft verurteilt. Für Melanie aber war das Leben zur Hölle geworden, und auch die Verurteilung ihrer Peiniger brachte keine Besserung. Jede Nacht träumte sie von der Vergewaltigung, war unkonzentriert in der Schule und auch daheim wirkte sie völlig teilnahmslos. Ihre Eltern und selbst Psychologen schafften es nur mit Mühe und viel Geduld, dem armen Mädchen zu helfen, in ein halbwegs normales Leben zurückzufinden. Sie schaffte zwar das Abitur, hatte aber alle Kontakte zu Gleichaltrigen abgebrochen, mied ihre Freundinnen und am Abend schloss sie sich in ihrem Zimmer ein. Ihre Eltern mussten das alles mit ansehen und zerbrachen beinahe an dem Kummer und ihrer Hilflosigkeit. Sie konnten Melanie nicht mehr erreichen.

Die Zeit verging und ihr Schmerz wurde von Tag zu Tag größer. Er versetzte die ganze Familie in einen nicht enden wollenden Zustand der Qual und des Leidens. Sie nahmen ihre Umgebung nur noch gedämpft wahr. Es war, als lebten sie in einer in Watte gehüllten Welt. Eine fürchterliche Watte, die alle Lebensfreude erstickte.

15
Sechzehn Uhr zweiunddreißig

Das Spiel war angelaufen und schon in der dritten Minute gelang es einem Frankfurter Mittelfeldspieler, seinem Gegner den Ball vom Fuß zu spitzeln. Er schlug einen klugen Pass in den Lauf des Außenstürmers, dessen Flanke im letzten Moment von einem Freiburger Abwehrspieler aus dem Strafraum über die Torauslinie befördert werden konnte - Eckball für Frankfurt.

Die Eintrachtfans brüllten: „Jetzt geht's los! Jetzt geht's los!!", und die Schläge ihrer Trommler vibrierten durchs Stadion.

Den Eckball pflückte der Freiburger Schlussmann souverän herunter und die Freiburger lösten die jetzt ruhig gewordenen Frankfurt-Fans mit Gesängen ab.

Von der Südtribüne schallte es: „Auf geht's, Freiburg schießt ein Tor, schießt ein Tor - schießt ein To - o -or!! Auf geht's….."

Die beiden ehemaligen Freiburger Spieler wurden bei jedem Ballkontakt ausgepfiffen, was sie nervös machte und die Frankfurter Fans wütend. Rosenthal und auch Flum fingen an Fehler zu machen, die von den heimischen Fans mit hämischem Applaus bedacht wurden.

Die Ordner am Spielfeldrand standen mit dem Rücken zum Rasen, das Publikum fest im Blick. Seebacher hatte die stoische Ruhe schon immer beeindruckt, mit der diese Leute reglos auf die Ränge starrten und sich für das Geschehen hinter sich auf dem Spielfeld überhaupt nicht zu interessieren schienen. Heute aber beruhigte ihn diese

Tatsache vor allem. Die Fans waren unter Beobachtung, das konnte jeder spüren und sehen.

Das Spiel war ruppig, aber bis zur fünfunddreißigsten Minute nicht unfair. Doch als Flum, der stark verunsichert wirkte, von einem Freiburger Spieler den Ball abgenommen bekam und der Stürmer sich auf den Weg in Richtung Frankfurter Tor machte, blieb Flum nur noch eins: Er brachte den Stürmer von hinten zu Fall und kassierte für dieses taktische Foul die erste gelbe Karte des Spiels.
Er hatte noch Glück, dass weiter in Richtung Frankfurter Tor noch ein Mannschaftskamerad von ihm stand, denn wäre er der hinterste Verteidiger, der sogenannte „letzte Mann“ gewesen, hätte er Rot bekommen.
Das Stadion tobte. Auf den Freiburger Sitzplatztribünen waren die Zuschauer aufgesprungen und schlugen mit geballten Fäusten Löcher in die Luft.
Norbert, auf der Gegengerade, war ebenfalls aufgestanden und sah sich um. Sein Nebenmann brüllte mit hochrotem Kopf und hervortretenden Adern am Hals: „Gib ihm Rot, der Drecksau!!“
Alles um ihn herum war nur noch Pfeifen, Brüllen und Bösartigkeit.
Norbert blickte mit Unbehagen über die Zuschauerköpfe hinweg und dachte krampfhaft darüber nach, ob die Aggressivität größer war als sonst, oder ob es daran lag, dass er heute sensibler reagierte. War er vielleicht sogar übersensibel? War das normal und er hatte es bei früheren Stadionbesuchen nur nicht registriert? Ein Anflug von Verzweiflung bemächtigte sich seiner. Bang sah er hinüber

zu Daniele im Käfig, den er die ganze Zeit nicht aus den Augen verloren hatte. Aber im Käfig war es verhältnismäßig ruhig. Die Frankfurter Fans schienen gegen diese Schiedsrichterentscheidung nichts einzuwenden zu haben.
Die Fans um Seebacher herum brüllten: „Schiri - du Arschloch!", und verursachten ebenfalls einen Höllenlärm.
Erst als Freiburg den Freistoß ausgeführt hatte, beruhigten sich die Ränge wieder.

Nicht weit von Seebacher entwickelte sich eine Auseinandersetzung. Drei mutige Frankfurt-Fans hatten es gewagt, sich mitten unter die Freiburger zu mischen. Zunächst gab es nur unfreundliche Worte und Diskussionen über diese Entscheidung, dann kam es zu kleineren Rangeleien. Seebacher beobachtete das Geschehen genau und hatte aus diesem Grunde nicht mitbekommen, weshalb nun die Frankfurt-Fans im Käfig und bei Norbert drüben plötzlich so ausrasteten. Er sah aufs Spielfeld, wo am Strafraumrand ein Freiburger Angreifer am Boden lag und sich vor Schmerzen krümmte.
Wieder forderten die Freiburger Fans die rote Karte und einen Elfmeter, was der Schiedsrichter aber auch dieses Mal offenbar anders gesehen hatte.
Aus der Frankfurtecke kamen nun „Freiburger - Arschlöcher!"-Rufe, was wiederum die heimischen Fans rasend machte.

Ein Freiburger Spieler legte sich den Ball für den Freistoß zurecht und es wurde ruhig im Stadion. Nach dem üblichen Geplänkel zwischen Schiedsrichter und der Frankfurter

Mauer, die zu nahe am Ball stand, gab der Unparteiische den Ball mit einem Pfiff frei. Der Freiburger Spieler lief an und knallte die Kugel über die Mauer hinweg an den Pfosten. Die Fans sprangen auf, den Torschrei schon auf den Lippen, setzten sich aber enttäuscht wieder hin, nachdem ein Abwehrspieler des Gegners den Ball aus der Gefahrenzone gedroschen hatte.
Der Lautstärkepegel sank jetzt wieder und Seebachers Augen suchten erneut nach den Fans, die eben noch drauf und dran gewesen waren, aufeinander loszugehen. Die drei Frankfurter kamen gerade in Begleitung von vier Securityleuten die Treppe herauf. Der vorderste Ordner, ein bulliger Mann, der in seiner gelben Jacke respekteinflößend wirkte, sah den Hauptkommissar im Vorübergehen an und nickte ihm kurz zu. Seebacher nickte mit einem Lächeln zurück.

Schon kurz bevor der Schiedsrichter die erste Halbzeit abpfiff, strömten viele Zuschauer die Treppen hinab zu den Toiletten und vor allem zu den Bier- und Wurstständen.
Nach dem Halbzeitpfiff lief Werbung der wichtigsten Sponsoren über die Lautsprecher, und die Ersatzspieler schoben sich auf dem Feld die Bälle zu. Auf der Videowand prangte groß das Halbzeitergebnis: 0 : 0.
Überall wurde über den bisherigen Spielverlauf diskutiert.
Seebacher fragte über Funk: „Hier Seebacher, wie ist die Lage?“
Zwanzig Zivilbeamte, die Einsatzleiter von Polizei, Rettungsdienst und Feuerwehr und auch Norbert bestätigten

nacheinander, dass bis jetzt keine gravierenden Ereignisse zu vermelden seien. Am Ende fügte Norbert noch hinzu:
„Nicht weit von mir sitzen ein paar üble Frankfurter. Die machen ziemlich Stimmung in ihrem Block. Vor allem so eine fanatische Lady mit rot gefärbten Haaren - sieht aus wie Pumuckl - fällt immer wieder unangenehm auf. Die muss ich im Auge behalten…“
„Tu das“, erwiderte Seebacher lapidar, nahm das Handy heraus und rief Daniele an.
„Und, wie läuft’s bei dir, im Käfig?“, erkundigte er sich.
„Hab‘ mich schon wohler gefühlt, aber bis jetzt geht’s noch.“
„Ok, melde Dich, wenn sich was tut“, erwiderte Seebacher.
Er sah sich um. Die Reihen hatten sich gelichtet und die zurückgebliebenen Zuschauer unterhielten sich angeregt. Nichts Ungewöhnliches - und so machte sich Seebacher auf den Weg hinab zu den Bierständen.
Er blieb bei einer Gruppe stehen, die lautstark diskutierte. Vor allem die nicht gegebene rote Karte erhitzte die Gemüter der einen. Zu seiner Beruhigung stellte Seebacher aber fest, dass es auch die anderen gab, die Ruhe bewahrten und ihre Fankollegen zu beruhigen suchten.
„Solche Ungerechtigkeiten gleichen sich am Ende immer aus, wirst schon sehen“, sagte gerade einer zu seinem Nebenmann, der zuvor den Schiedsrichter übel beschimpft und die Meinung vertreten hatte, dass der SC am Ende wieder mal verlieren würde, obwohl er die bessere Mannschaft sei.
Seebacher musste zur Toilette und sah auf die Uhr.

„Jetzt muss ich mich aber ranhalten“, dachte er und steuerte auf einen der Toilettencontainer zu.
Die Schlange war glücklicherweise nicht mehr so lang und der Kommissar war bald bei der Rinne angelangt. Links und rechts von ihm schimpften die Leute über das Spiel und vor allem über die Frankfurter.
Plötzlich rief ein kleiner Junge beim Ausgang: „Halt, Papa! Erst Hände waschen!“, und schallendes Gelächter erfüllte den Container.
Auch Seebacher musste lachen und mit dem Gefühl, dass das hier vielleicht doch nur ein ganz normales Bundesligaspiel werden könnte, trat er aus der Toilette - nicht ohne vorher die Hände gewaschen zu haben. Auf den Bildschirmen waren schon die auflaufenden Mannschaften zu sehen und er beeilte sich, an seinen Platz zurückzukommen.
Bis jetzt war alles gut verlaufen, doch beim Blick über die prallvollen Ränge schwand Seebachers Optimismus schnell wieder.

16
Siebzehn Uhr zweiunddreißig

Seebacher kam noch rechtzeitig an seinen Platz, um zu sehen, dass im Käfig Rauchbomben gezündet wurden. Der Schiedsrichter beorderte die Spieler wieder in die Kabinen und am Gästeblock liefen uniformierte Polizisten auf.
Die Freiburger Fans brüllten immer wieder: „Ihr seid scheiße, wie der VfB!“, und auch der Stadionsprecher schaltete sich ein. Er sprach die Frankfurter direkt an:
„Wir weisen die Fans von Eintracht Frankfurt darauf hin, dass Fairplay nicht nur auf dem Spielfeld, sondern auch für das Verhalten im Zuschauerbereich gilt. Deshalb bitten wir auch die Frankfurter Fans, friedlich zu bleiben. Das Stadion ist kein Schauplatz für euer Verhalten. Wir sind alle hier, um Fußball zu sehen und keine Ausschreitungen primitivster Art!“
Von den Freiburger Rängen kam tosender Applaus, immer noch begleitet vom Ruf: „Ihr seid scheiße….!“
Eine komplette Hundertschaft Uniformierter drang in den Käfig ein und wurde von einigen Fans sofort angegriffen. Es kam zu Handgemengen und die Polizisten hatte alle Mühe, mit Schlagstöcken wieder für Ordnung zu sorgen. Daniele verhielt sich ruhig, da er sich jetzt noch nicht als Polizist zu erkennen geben durfte. Mehr als zwanzig Randalierer wurden aus dem Käfig abgeführt. Die Handgreiflichkeiten hörten zwar auf, aber die aufgebrachten Frankfurter fuhren fort, mit Schmähliedern und beleidigenden Rufen die Stimmung anzuheizen.

Nach weiteren fünf Minuten wurde es wieder etwas leiser und zwischen den Trainerbänken erschienen nun Schiedsrichtergespann und Mannschaften. Endlich, um siebzehn Uhr fünfundvierzig, pfiff der Unparteiische die zweite Halbzeit an.

Der SC spielte jetzt von Süd nach Nord, was Seebacher als Fan schon immer lieber war, da das Spielfeld nach Norden hin leicht abfiel. So spielte also die Heimmannschaft in der zweiten Halbzeit bergab. Das Spiel begann hitzig und war in den ersten Minuten ein offener Schlagabtausch mit leichten Vorteilen bei den Frankfurtern, was die Trommler im Käfig dazu antrieb, mit aller Kraft auf ihre Instrumente einzuschlagen, in regelmäßigen Abständen gefolgt von „Frankfurt!"-Rufen.

Johannes Flum wurde nach wie vor bei jedem Ballkontakt vom heimischen Publikum, das ihm den Weggang zu den Frankfurtern nicht verziehen hatte, ausgepfiffen. Sein Spiel wurde immer unsicherer und er verlor viele Zweikämpfe.
Als er einem Freiburger Angreifer am Strafraum den Ball abnahm und der Stürmer zu Fall kam, forderten die Freiburger Zuschauer lautstark Elfmeter, aber der Schiedsrichter entschied sich für gelbe Karte gegen den Stürmer wegen einer angeblichen Schwalbe.
Das Freiburger Publikum tobte.
„Wir bitten alle Zuschauer um faires Verhalten und darum, die Schiedsrichterentscheidungen zu akzeptieren!", hallte die Stimme des Sprechers durchs Stadion.

Die Durchsage erzielte aber den gegenteiligen Effekt, denn von allen Seiten drangen „Schiri, Du Arschloch!“-Rufe aufs Spielfeld.
Seebacher beobachtete das Geschehen um sich herum und ihm wurde flau im Magen. Diese ausrastenden Menschen, Männer wie Frauen, erinnerten ihn in ihrer Wut eher an Tiere als an Menschen.
Der Stadionsprecher appellierte:
„Liebe Freiburger, bitte, bleibt ruhig und fair, zumindest von euch sollte man das erwarten können!“
Das „zumindest von euch“ wurde von einigen Fans sehr wohl verstanden und gellende Pfiffe aus der Frankfurtecke waren die Quittung für diesen Appell.
Ein Mittelfeldspieler trat den Freistoß für die Frankfurter. Er hatte den Wink von Rosenthal verstanden und schlug den Ball hinter die weit aufgerückten Freiburger Abwehrspieler in den freien Raum zwischen ihnen und ihrem Torwart. Offensichtlich eine einstudierte Variante, denn Rosenthal war den Bruchteil einer Sekunde vor seinem Bewacher gestartet und zwar genau dahin, wo jetzt der Ball auf den Rasen schlug. Pfeilschnell war der Ex-Freiburger so dem Gegner enteilt und lief nun, den Ball am Fuß, auf Oliver Baumann zu. Der Freiburger Keeper musste aus dem Tor heraus, hatte aber keine Chance. Der abgezockte Stürmer schlug einen Haken, und bevor der heranstürmende Verteidiger eingreifen konnte, schob er den Ball unten rechts ins Tor.
Im Käfig brach tosender Jubel aus, doch der ging im Lärm, den die Freiburger machten, unter.

„Schiebung! - Schiebung!! - Schiebung!!!“, schrie es von den Rängen und der Stadionsprecher sah sich genötigt, erneut ans Publikum zu appellieren:
„Liebe Zuschauer! Bitte bleiben Sie fair und akzeptieren Sie die Schiedsrichterentscheidungen und auch die Entscheidung einiger Spieler, zu einem anderen Verein zu wechseln!“
Mit der zweiten Hälfte seines Appells reagierte er auf die immer lauter werdenden Beschimpfungen des Freiburger Ex-Stürmers.

Jetzt, da sie in Rückstand geraten waren, mussten die Freiburger mit aller Gewalt auf den Ausgleich drängen, was sie in den nächsten Minuten auch taten. Die Frankfurter konnten die immer wieder anrollenden Angriffswellen oft nur noch mit Foulspiel bremsen. Und wenn einmal ein Frankfurter den Ball bekam, griffen ihn sofort zwei, drei Freiburger so energisch an, dass er ihn gleich wieder verlor. Auf dem Platz verkörperte der SC nun pure Aggressivität.
Seebacher fragte Norbert über Funk: „Was meinst du? Ist diese Aggressivität vom Spielfeld auf die Zuschauerränge übergesprungen oder umgekehrt?“
Irgendwie brauchte er jetzt Kontakt zu ihm bekannten Menschen, um sein Unwohlsein in den Griff zu bekommen.
„Wenn ich mir die ausflippenden Fans im Frankfurtblock hier auf der Gegengerade ansehe, würde ich sagen, die Stimmung springt von den Rängen auf den Platz hinunter. Frankfurt führt eins zu null und die drehen am Rad, als ob sie fünf zu null hinten lägen und alles die Schuld des

Schiedsrichters wäre“, kam Norberts Einschätzung über den Äther.
„Im Käfig drüben war es zuerst nicht so schlimm, aber ich habe das Gefühl, dass jetzt von uns ausgehend die Bösartigkeit des Mobs wie eine ansteckende Krankheit durch den Käfig fegt. Die werden immer lauter, aggressiver und ausfälliger“, beendete Norbert seine Einschätzung der Lage.

Auf dem Rasen war die Überlegenheit des Sportclub jetzt offensichtlich, und anstatt ihre Mannschaft anzufeuern, schrien die Frankfurter Fans wie besessen Hasstiraden, Beschimpfungen und Schmähungen gegen den Schiedsrichter und Freiburger Spieler samt Fans. Die Verunsicherung der Eintracht-Spieler wuchs und plötzlich war Sebastian Bühler nach einem genialen Doppelpass mit Fernandes und seinem „gepardenähnlichen“ Antritt an der gegnerischen Abwehr vorbei und tauchte alleine im Strafraum auf. Er fackelte nicht lange und setzte den Ball unhaltbar rechts unten an den Innenpfosten und dann ins Tor. Der Schiedsrichter bestätigte den Treffer mit einem Pfiff und zeigte zum Mittelkreis.
Das Stadion bebte, so laut war der Torjubel der Freiburger Fans. Die Spieler begruben „Sebü“ unter sich und im Frankfurtblock verdichtete sich das Gebrüll langsam zu einem gemeinsamen Ruf. Sie alle riefen: „Schwule Sau! Schwule Sau!“, und hörten nicht damit auf, bis auch die Freiburger sich akustisch zusammenrotteten und die Frankfurter überbrüllten. Sie riefen wieder und wieder: „Sebü - Fußballgott! Sebü - Fußballgott!“

Der Stadionsprecher verkündete: „Neuer Spielstand SC Freiburg - Eintracht Frankfurt: eins zu eins! Torschütze mit der Nummer Dreizehn war…“

Er machte die übliche Pause vor der Verkündung des Schützen bei SC-Toren, damit sich alle auf das Ausrufen des Nachnamens vorbereiten konnten.

„Sebastiaaan!“ Er zog das „a“ mit überschäumender Begeisterung in die Länge.

Und das ganze Stadion brüllte: „Bühler - Fußballgott!“

Der Sprecher wiederholte:

„Sebastiaaaaan!“

Und alle brüllten erneut: „Bühler - Fußballgott!“

„Sebastiaaaan!“

„Bühler - Fußballgott!!“

Die Frankfurter hielten dagegen. Sie schrien: „Schwu-Schwu- Schwuchtel! Schwu- Schwu- Schwuchtel! Schwu-Schwu- Schwuchtel!“

Bühler, der sich mittlerweile aus der Belagerung durch seine Mannschaftskameraden befreit hatte, winkte zuerst den Freiburger Fans auf den verschiedenen Tribünen zu, ehe er mit breitem Grinsen provozierend auch in Richtung der gegnerischen Fans winkte.

Freddy und einige Frankfurter rasteten aus. Sie sprangen hoch und streckten Bühler die Faust entgegen.

„Warte nur, du schwule Sau! Dich kriegen wir!“, brüllten sie und schleuderten ihre halbvollen Bierbecher in Richtung Spielfeld.

Norbert hatte es mitbekommen und beobachtete nun die Freiburger Fans um sich herum, aber die schien dieser Wutausbruch der gegnerischen Fans im Augenblick nicht zu stören, sie freuten sich viel zu sehr über das Tor. Doch als sich der Jubel legte und die Frankfurter unvermindert weiterschrien, fingen auch die Freiburger vereinzelt an, zu den Frankfurtern hinüberzurufen, sie zu beschimpfen und zu verhöhnen. Der Lärmpegel stieg wieder an und Norberts Unbehagen wuchs. Er fing an, das Schlimmste zu befürchten.

17
Achtzehn Uhr fünf

Zusätzlich zur ständig steigenden Spannung auf den Rängen und dem Spielfeld bekam Seebacher jetzt noch eine Meldung, die seinen Atem stocken ließ. Der auf den Bundestrainer angesetzte Zivilbeamte meldete sich:
„Der verdächtige Mann auf dem Platz hinter Löw hat gerade den Schnürsenkel aus seinem Springerstiefel gezogen und wickelt ihn sich um die Hände. Sieht aus, als wollte er jemanden damit erwürgen."
„Holen Sie sich zwei Mann Verstärkung und rücken Sie so nahe an den Kerl heran, dass Sie bei Bedarf sofort eingreifen können", wies ihn Seebacher an.
Er sah hinüber zur Haupttribüne, konnte aber keine einzelnen Personen ausmachen. Sorgenschwer glitt sein Blick wieder hinunter aufs Spielfeld, während über die Lautsprecher folgender Appell zu hören war:
„An die Zuschauer auf der Osttribüne in den Blöcken D und DD: Fairplay gilt nicht nur auf dem Spielfeld, sondern auch für das Verhalten im Zuschauerbereich! Seid bitte friedlich. Das Stadion ist kein Schauplatz für euer Verhalten. Wir sind alle hier, um Fußball zu sehen. Vielen Dank."
Erst jetzt bemerkte Seebacher, dass in Norberts Ecke auf der Gegengerade etwas im Gange war. Eine Gruppe von Zuschauern war an der Schnittstelle zwischen Freiburgern und Frankfurtern aneinandergeraten.
„Was ist los bei dir, Norbert?", fragte er.
„Diese rothaarige Furie und ihre Kumpane machen die Frankfurt-Fans total wild! Ich beobachte sie schon die ganze

Zeit. Die heizen permanent ein und stacheln ihre direkte Nachbarschaft derart auf, dass sie es geschafft haben, die schlechte Stimmung um sie herum in offene Aggressivität gegenüber den Freiburger Fans umzuwandeln. Hier, nicht weit von meinem Platz entfernt, hat's vorhin gekracht. Ein paar Frankfurter sind herübergekommen und auf uns losgegangen. Aber die Kollegen haben es gleich wieder im Griff. Ein paar Randalierer wurden abgeführt und es beruhigt sich langsam wieder", erklärte Norbert die Situation.
„Ok, behalte die Gruppe weiter im Auge und wenn sich wieder eine Auseinandersetzung anbahnt: Separieren!", erwiderte Seebacher.
„Alles klar - melde mich, falls es so weit kommen sollte."

Auf dem Rasen hatten die SC-Spieler weiter permanent den Druck erhöht, allerdings über eine weite Strecke ohne Erfolg. Jetzt, gut zehn Minuten vor Spielende, gingen sie ein enorm hohes Tempo, mit dem die Frankfurter nicht mehr mithalten konnten. Die heimischen Fans trieben ihre Spieler förmlich nach vorne. Von allen Seiten drangen Gesänge aufs Spielfeld:
„Auf geht's, Freiburg, schießt ein Tor, schießt ein Tor, schießt ein To-o-or! Auf geht's Freiburg schießt ein Tor….."
Die Frankfurter versuchten die Gesänge zu übertönen, indem sie ständig „Auswärtssieg! Auswärtssieg!!" skandierten.
In dieser heißen Schlussphase kassierten drei Frankfurter Spieler innerhalb von nur fünf Minuten die gelbe Karte, wobei die letzte in Form von Gelb-Rot an den ehemaligen Spieler von Freiburg ging. Flum hatte ein taktisches Foul am

davonstürmenden Mehmedi verübt, was eindeutig gelbwürdig war. Logische Konsequenz war also Gelb-Rot, und so verließ der Neu-Frankfurter gesenkten Hauptes das Feld.
Zuerst sangen die Freiburger: „Auf Wiedersehen! Auf Wiedersehn!!“, doch schnell gingen die Hohngesänge in Pfeifkonzerte und Gebrüll über, denn der Spieler schlich aufreizend langsam vom Platz, um möglichst viel Zeit so kurz vor dem Abpfiff herauszuschinden. Die Frankfurter wussten, dass Freiburg in den letzten Minuten einem zweiten Tor deutlich näher gewesen war als sie selbst und wollten wenigstens ein Unentschieden mit nach Hause nehmen. Ohne Nachspielzeit waren jetzt noch zwei Minuten zu spielen. Es blieb nur noch der Freistoß und dann vielleicht noch ein, zwei Aktionen.

Freiburg hatte klar die Oberhand und trotzdem sehnte Seebacher den Abpfiff herbei, denn erst dann waren er und seine Kollegen beim letzten Teil ihrer Aufgabe, dem planmäßigen Abzug der Zuschauer aus dem Stadion angelangt und das Ende dieses entsetzlichen Tages in Sicht.
Auf dem Platz bahnte sich das Finale an: Der Freiburger Jonathan Schmid hatte vom Schiedsrichter die Freigabe für den Freistoß aus gut zwanzig Metern Entfernung erhalten und die letzte Minute war angebrochen.
Die Frankfurter Mauer widersetzte sich hartnäckig den Anweisungen des Unparteiischen, den vorgeschriebenen Abstand zum Ball einzuhalten, was mit einer letzten gelben Karte für einen der Spieler in der Mauer geahndet wurde. Die reguläre Spielzeit war mittlerweile abgelaufen.

Der junge Franzose lief an und trat den Ball mit aller Kraft und vollem Risiko. Er war so scharf geschossen, dass ihn die Köpfe der hochsteigenden Spieler in der Mauer nicht mehr erreichten. Das Leder pfiff haarscharf über den Schopf des, von links gesehen, zweiten Spielers in der Mauer und weiter genau in die linke obere Ecke des gegnerischen Tores. Obwohl er mit viel Effet auf die Reise geschickt worden war, schlug der Ball wie eine Kanonenkugel im Winkel ein.

Alles, was bisher im Stadion passiert war, war harmlos gegen den Sturm, der nun losbrach. Die Freiburger sprangen hoch, brüllten „Tooor!!!" und jubelten derart laut, dass viele Kinder sich die Ohren zuhielten und ein kleines Mädchen, das mit seinem Vater nicht weit von Seebacher entfernt stand, anfing zu weinen. Alle brüllten und tanzten herum wie Affen. Die Arena war zum Tollhaus geworden.
Seebacher vernahm nur den Jubel um sich herum, aber Norbert - auf der Gegengerade - hörte von links das Geschrei der erbosten und enttäuschten Frankfurter und von rechts den Tumult der Freiburger Fans. Die Schallwellen schienen genau vor ihm aufeinanderzutreffen und sich aufzutürmen. Auch er hielt sich die Ohren zu und blickte unruhig erst nach links, dann nach rechts und ihm wurde plötzlich klar, dass jetzt die Lunte am Pulverfass lichterloh brannte.

18
Fünf Jahre vorher in Frankfurt

Für Freddy war das Ganze ein Ausrutscher gewesen, ein Ausrutscher, der passieren kann, wenn man mal einen über den Durst getrunken hat. Und außerdem durfte man nicht vergessen, dass sie alle nicht besonders gut drauf gewesen waren, nachdem Frankfurt gegen diese scheiß Hamburger verloren hatte.

Warum musste die blöde Kuh auch noch ihren beschissenen HSV-Schal so offen rumtragen? Wäre die nicht so eingebildet dahergekommen, wäre überhaupt nichts passiert. Sie hätten in der Stadt noch einen drauf gemacht und ihren Frust in Bier ertränkt.

Während die Vergewaltiger einsaßen, wuchs ihr Hass mehr und mehr, doch Freddy, Tom und Mike konnten ihn gut überspielen.

Deshalb wurden alle drei nach vier Jahren wegen guter Führung vorzeitig aus dem Gefängnis entlassen. Nur Steffen musste die vollen fünf Jahre absitzen, denn er konnte seine wahren Gefühle - die Wut auf das Mädchen - nicht verbergen.

Melanies Eltern hatten es nach sehr langer Zeit und vielem Zureden geschafft, dass ihre Tochter im Kirchenchor mitsang. So kam sie wenigstens ab und zu aus ihrem tristen Umfeld heraus, und Musik war nach Meinung ihrer Mutter immer eine gute Therapie.

Als Melanie eines Abends aus dem Haus ging, es war Winter und um neunzehn Uhr stockdunkel, bemerkte sie die

Gestalt nicht, die auf der anderen Straßenseite, zwei Häuser weiter, gewartet hatte. Sie ging wie immer den fünfzehnminütigen Weg zur Kirche zu Fuß. Die finstere Gestalt folgte ihr in einigem Abstand.
Die letzten dreihundert Meter musste Melanie durch einen Park gehen, der durch Laternen mit gelben Glaskugeln nur schwach erleuchtet war. Es war kalt und der Park menschenleer. Sie beschleunigte ihre Schritte, denn seit damals hatte sie eine Riesenangst vor solchen Orten. Meistens waren auch Leute in der Anlage unterwegs, was sie dann schnell beruhigte. Aber heute beschlich sie eine unerklärliche Panik und Melanie sah beständig um und hinter sich. Das Knirschen des Kieses unter ihren Sohlen erinnerte sie plötzlich an die Situation nach dem Fußballspiel und Panik überfiel sie.

Genau in diesem Moment trat ihr ein großer Mann aus dem Schatten eines Gebüsches in den Weg. Sie erkannte Freddy sofort und erschrak bis ins Mark. Das Gefühl, dass alles in ihr nach unten wegsackte, war übermächtig. Sie konnte nicht verhindern, dass sie sich in die Hosen machte und der eigene Urin an ihren Beinen hinablief. Sie war unfähig, sich zu bewegen oder gar wegzulaufen. Freddy näherte sein Gesicht dem ihren, bis seine Nase ihre Wange berührte.
„Ich bin wieder draußen und komme oft in diese Gegend hier. Heute wird es leider nichts, aber ich denke, wir werden uns bald ein bisschen über die guten alten Zeiten unterhalten können. Ich bringe dann die anderen mit - wird sicher genauso lustig wie damals….“, flüsterte er mit dreckigem Grinsen in ihr Ohr und leckte dabei ihren Hals.

Er stank aus dem Mund und Melanie wurde schlecht. Schluchzend ging sie in die Knie.
Freddy wollte ihr einen Tritt versetzen, doch dann entdeckte er einen herankommenden Spaziergänger mit Hund, winkte Melanie noch einmal lächelnd zu und schritt ohne Eile davon.
Der Passant näherte sich vorsichtig der weinenden jungen Frau, die immer noch auf dem Boden kniete. Er beugte sich zu ihr hinab und fragte: „Kann ich Ihnen helfen? Soll ich einen Krankenwagen rufen?"
Melanie schüttelte den Kopf, erhob sich wieder und sagte nur: „Nein, danke. Es geht schon."
Damit drehte sie sich um und ging in Richtung Fluss davon.
Der Spaziergänger sah ihr noch eine Weile nachdenklich hinterher, dann setzte auch er seinen Weg fort.

Am nächsten Morgen wurde Melanies Leiche am Mainufer angeschwemmt.

19
Spielende

Angie brauchte ihre Kumpane jetzt nicht mehr aufzustacheln. Alle Frankfurter Fans rasten vor Wut und Enttäuschung. Bierbecher prasselten aufs Spielfeld und es entstanden erneut Wortgefechte mit Freiburgern an der Berührungslinie der Sitzblöcke. Norbert war aufgesprungen und starrte über die hin- und herwogende Masse menschlicher Körper. Er spürte, dass es hier bald richtig krachen würde.

„Wir brauchen auf der Osttribüne dringend Verstärkung. Dauert nicht mehr lange, dann gehen hier die Fans aufeinander los“, meldete er.

„Verstärkung kommt“, war die prompte Antwort des Einsatzleiters.

„Wir bitten die Proleten aus Frankfurt, keine Gegenstände aufs Spielfeld zu werfen. Sie gefährden auch die Spieler Ihrer eigenen Mannschaft! Außerdem kann dieses Verhalten zu sportlichen und rechtlichen Konsequenzen für die Eintracht führen!“, hallte es über die Lautsprecher.

Anstatt sich zu beruhigen, tobten die Fans noch mehr. Im Käfig kletterten Dutzende junger Männer auf die Zäune. Auf der Nordtribüne, nicht weit von Seebacher entfernt, kam es zu einer Schlägerei zwischen einer Gruppe von Frankfurt-Fans, die von der Freiburger Übermacht in die Ecke geprügelt wurden. Die Einsatzkräfte gingen sofort mit Schlagstöcken dazwischen.

„So - Ihr Frankfurter Pseudofans! Jetzt spürt ihr, was es bedeutet, wenn man sich in Freiburg nicht wie ein Gast,

sondern wie Unrat benimmt!", kommentierte der Stadionsprecher hämisch die Prügelszene auf Nord.
Der Schiedsrichter pfiff das Spiel ab, aber das interessierte nur noch am Rande. Die meisten Zuschauer starrten gebannt auf das Geschehen im Frankfurt-Block. Der Käfig war komplett umstellt von uniformierten Polizisten. Einige Frankfurter hatten es geschafft, den Zaun zu übersteigen und griffen die Polizisten an.
Die Spieler beider Mannschaften und auch das Schiedsrichterteam verschwanden eilig in den Katakomben. Kameramänner und Fotografen unten am Spielfeldrand richteten ihre gigantischen Objektive wie Panzerkanonen auf den Käfig, um die Gewaltausbrüche dort im Bild festzuhalten.

Fassungslos blickte Seebacher ins Stadionrund. Mittlerweile hatten sich an mehreren Stellen prügelnde Knäuel gebildet und die Lautstärke war dermaßen angewachsen, dass er nur mit Mühe die Meldung des Beamten von der Haupttribüne in seinem Ohrstöpsel vernahm:
„Der Mann hinter Löw sieht sich ständig nach allen Seiten um. Das gefällt mir gar nicht. Jetzt hat er die Augen geschlossen und hebt die Arme, die Schnur zwischen den Fäusten gespannt!"
„Festnehmen - sofort!", schrie Seebacher so laut ins Mikro, dass ihn sein Nebenmann, trotz des Lärms um sie herum, verdutzt ansah. Seebacher bekam Schweißausbrüche und spähte gehetzt zur Haupttribüne, dann zum Käfig und in den Frankfurtblock auf Ost.

Mitten in diese hilflose Panik hinein erreichte ihn die nächste Hiobsbotschaft:
„Hier Müller von der Osttribüne. Habe vor ein paar Minuten beobachtet, wie ein Mann oben von der Treppe aus eine Leinentasche in die Litfaßsäule geworfen hat, und ihn sofort festgenommen. Er wurde in Gewahrsam genommen. Was machen wir mit der Tasche? Könnte eine Bombe sein."
Seebacher sah die beiden Werbesäulen in der Osttribüne vor seinem geistigen Auge, denn als Besucher saß er ja immer dort drüben. Er befahl:
„Den Abgang direkt bei der Säule und den Bereich bis zu den Treppen links und rechts davon absperren und die Zuschauer zu den nächst gelegenen Ausgängen leiten."
Der Einsatzleiter der Polizei schaltete sich ein: „Ok, ich schicke eine Hundertschaft auf Ost und fordere ein Bombenentschärfungsteam an."
„Wenn ihr schäbigen Frankfurt-Fans nicht sofort Euer aggressives Verhalten einstellt, werdet ihr aus dem Stadion geprügelt!!", brüllte der Stadionsprecher aus allen Lautsprechern.
Auch Angie hatte diese Durchsage gehört und schrie ihre jungen Begleiter an: „Habt Ihr das gehört?! Dieser Wichser nennt uns ‚schäbige Frankfurt-Fans'! Los, denen zeigen wir's!!"
Der Zeitpunkt war gut gewählt, denn gerade stießen von hinten die aus dem Käfig herübergekletterten Frankfurter Ultras zu ihnen in den Block.
Über die Lautsprecher forderte der Stadionsprecher die Frankfurter zur Rückkehr in ihren Block auf:

„An alle Frankfurt-Fans: wenn ihr nicht sofort auf eure Plätze zurückkehrt und eure Aggressionen einstellt, werdet ihr die Strafe erhalten, die solcher Unrat wie ihr verdient!!"
Diese Durchsage ging allerdings in dem jetzt herrschenden Chaos unter. Angie drängte in Richtung Freiburgblock, gefolgt von Freddy und den anderen.
Plötzlich aber schoben sich von den oberen Zugängen her uniformierte Polizisten im Laufschritt zwischen Frankfurter und Freiburger. Auch vom Spielfeld her stürmten Uniformierte in den kritischen Bereich hinauf.
„Ihr seid Abschaum! So etwas wie ihr gehört totgeschlagen!!"
Freddy, der direkt hinter Angie in Richtung Freiburgblock drängte, bemerkte die wachsende Übermacht der Polizisten und hielt inne. Die Masse der nachdrängenden Fans stockte ebenfalls.
„Ihr asoziales Pack!"
Angie sah sich um und erfasste blitzschnell die Situation. Ihre „Freunde" hatten Zweifel bekommen, ob sie die Polizisten wirklich angreifen sollten. Der Abstand zwischen Angie und der Polizistenreihe betrug vielleicht noch drei Meter.
„Los!", schrie sie und stürmte auf den bestimmt zwei Meter großen uniformierten Schrank vor sich zu.
Der streckte nur den Arm aus und hielt die zierliche Frau mit einer Hand zurück, aber Angie griff sich nun selbst ans Trikot und riss es vom Ausschnitt nach unten auf. Das Trikot war an der Stelle leicht eingeschnitten und riss durch den schwungvollen Griff weit nach unten auf. An der Bluse flogen die Knöpfe davon und da Angie unter der Bluse

nichts mehr anhatte, leuchteten plötzlich ihre nackten Brüste in der Abendsonne.
Der Polizist ließ die Angreiferin los und sah sie verdutzt an, doch schon drehte sich Angie zu den Frankfurtern um, zeigte ihre entblößten Brüste und schrie:
„Diese Schweine! So können die nicht mit uns umspringen! Los, die machen wir fertig!"
„Ja!", brüllte Freddy und drehte sich zu den hinter ihm Stehenden um. „Denen zeigen wir's!"
Die aufgebrachte Menge drängte jetzt aber zu schnell von hinten nach. Freddy und Angie wurden mit Macht vorwärts geschoben.
Plötzlich verlor Angie das Gleichgewicht, stürzte über einen Sitz und schlug mit dem Hals auf einer Rückenlehne zwei Reihen weiter unten auf. Die Lehne brach und Angie blieb mit seltsam verdrehtem Kopf über den Sitzen liegen.
Freddy erschrak und wollte zurückweichen, doch auch ihn schob die drückende Menge über den Sitz, Angie hinterher. Und auch er stürzte und landete, die Arme schützend nach vorne ausgestreckt, direkt auf der von Angies Sturz zerbrochenen Rückenlehne. Der Stumpf der gebrochenen Sitzschale war ein spitz nach oben zulaufendes Dreieck und Freddy hatte keine Chance, sich mit den Armen abzustützen. Das Dreieck drang in seine Brust und der Blondschopf erstarrte, den Kopf direkt neben Angies herabhängenden, rot gefärbten Strähnen. Geschockt blickten Steffen, Tom, Mike und alle Frankfurter, die die Szene mitbekommen hatten, auf die beiden Körper ihrer Gefährten hinab, die so ruhig dalagen, als posierten sie für ein Gemälde oder einen Film.

Der Angriff stockte und die Polizisten setzten nun ihre Schlagstöcke ein. Sie schafften innerhalb weniger Minuten Ruhe. Freddys Kumpane waren den Uniformierten am nächsten gewesen und bekamen deshalb auch die härtesten Schläge ab. Auch sie lagen am Ende blutend und stöhnend in den Sitzen, aber sie lebten noch.
Die sofort herbeigeeilten Sanitäter konnten indessen nur noch den Tod von Angie und Freddy feststellen.

„Hier hat es zwei Tote gegeben!“, rief Norbert in sein Mikro und Seebacher schien alles Blut aus dem Körper zu weichen.
„Schlagt sie tot!“, brüllte der Stadionsprecher, was Seebacher aber in seiner Verzweiflung gar nicht hörte.
Einer der Techniker in der Sprecherkabine hörte es sehr wohl. Er war entsetzt und wollte Stadelmann zur Ordnung rufen:
„He, Florian! Was soll das? Du sollst die Leute beruhigen, nicht noch aufhetzen!“ rief er und plötzlich drehten sich alle vier Kollegen zu Stadelmann um. Die Männer in der Kabine waren es gewohnt, auf diesem engen Raum höchst konzentriert nebeneinander zu arbeiten und nicht auf das zu achten, was die anderen taten. Sie waren alle durch den Aufruhr im Stadion so sehr abgelenkt, dass es eine ganze Weile gedauert hatte, bis einer von ihnen überhaupt bemerkte, was der Stadionsprecher da trieb. Doch der brüllte unbeirrt ins Mikro:
„Das sind keine Fans - das ist Dreck!“
Alle vier Kollegen in der Kabine erhoben sich. Sie waren unschlüssig, wie sie Stadelmann davon abhalten sollten, weiter ins Mikro zu brüllen. Als einer einen Schritt nach

vorne machte, zog Stadelmann plötzlich eine Pistole aus der Schublade. Er zielte auf den vordersten Mann und zischte: „Wenn einer von euch auch nur den leisesten Versuch unternimmt, mich vom Mikro wegzubringen, knalle ich ihn über den Haufen! Das könnt ihr mir glauben - ich hab nichts zu verlieren!“

Erschrocken wichen die vier zurück und rührten sich nicht mehr.

Auch das mit dem „Dreck“ hatte Seebacher nur halb mitbekommen und ihm war noch immer nicht klar, dass der Stadionsprecher da oben in seiner Kabine auf der Haupttribüne offenbar durchdrehte.

Ein kleines Mädchen, das mit seinem Vater direkt neben Seebacher stehen geblieben war, fragte:

„Papa, warum ist der Mann im Lautsprecher so böse?“

Der Hauptkommissar zuckte zusammen und starrte das Kind entgeistert an. Dann schlug er sich an die Stirn und rief: „Das ist es! Ich Idiot!!“

Und dann fing er an zu laufen. Er raste die Treppe hinab bis zum Zaun am Spielfeldrand. Hier unten waren nicht mehr viele Leute, denn die friedlichen Fans hatten so schnell wie möglich das Stadion verlassen, um nicht in Schlägereien verwickelt zu werden.

Drei, vier Zuschauer stieß der rennende Polizist um, womit er sich wüste Beschimpfungen einhandelte. Dann war er vorne an Tor eins, über das er an den Spielfeldrand bei der Haupttribüne gelangen konnte. Der Ordner sah ihn heranstürmen, entdeckte den gezückten Ausweis und beeilte sich, die Tür zu öffnen.

„Der Stadionsprecher ist unser Mann!“, keuchte Seebacher ins Mikrofon, während er bei der Eckfahne zum Sprint entlang der Seitenlinie ansetzte. Hier war alles frei, denn die Fotografen standen auf dem Rasen drüben beim Käfig, um möglichst spektakuläre Fotos aus der Nähe schießen zu können. Er stolperte über eines der herumliegenden Kabel, kam strauchelnd am Eingang zu den Katakomben zwischen den Trainerbänken an und schaffte es gerade noch, in den Korridor einzubiegen. Hier standen links und rechts verschiedene Fernsehteams mit je einem Kameramann, einem Tontechniker und einem Interviewer. Der Durchgang in der Mitte des Flurs war sehr eng.
„Aus dem Weg!“, brüllte Seebacher und riss den ersten Kameramann um. Die anderen sprangen erschrocken zurück und schafften es gerade noch, ihm auszuweichen. Am Ende des Ganges, direkt vor dem Rudel von Reportern der schreibenden Zunft, bog der Hauptkommissar rechts durch eine Glastür zu den Treppen ab und jagte, immer drei Stufen auf einmal nehmend, hinauf auf die Haupttribüne. Genau hinter den Trainerbänken gelangte er aus dem Bauch der Tribüne ins Freie. Die hinausstrebenden Zuschauer kamen ihm entgegen und Seebacher musste sich schreiend und keuchend einen Weg durch die nur widerstrebend ausweichenden Menschen bahnen. Endlich war er oben bei der Sprecherkabine und erfasste mit einem Blick die Situation:
Der Stadionsprecher brüllte ins Mikrofon und hielt die Kollegen, die links hinter ihm in der Ecke standen, mit einer Pistole in Schach. Er hatte den Kopf von Seebacher abgewandt, konnte ihn also nicht sehen.

„Ihr gehört ausgerottet, totgeschlagen, ausgelöscht!“, hallte es durchs Stadion.
Seebacher atmete zwei, drei Mal tief durch, dann ging er um die Ecke und zog vorsichtig die Tür auf. Stadelmann stand vornübergebeugt, immer noch ins Mikrofon brüllend, ungefähr zwei Meter vor ihm. Die Aufmerksamkeit des Stadionsprechers galt dem Geschehen im Stadion und den Kollegen in der anderen Ecke der Kabine und so bemerkte er den Angreifer erst, als dieser direkt hinter ihm stand.
Stadelmann wirbelte herum, doch er konnte die Waffe nicht mehr auf Seebacher in Anschlag bringen. Der versetzte ihm zuerst einen Schlag auf den Unterarm, sodass die Pistole polternd auf dem Boden landete, und dann einen wuchtigen Hieb mit der Faust in die Magengegend. Mit einem Stöhnen ging der Stadionsprecher in die Knie und wurde sofort von Seebacher auf die Bretter gedrückt.
„Los, haltet ihn fest!“, schrie er den Kollegen zu. Zwei eilten herbei und packten Stadelmanns Arme, während Seebacher aufsprang und sich zum Mikrofon hinabbeugte.
„Sehr verehrte Stadiongäste! Hier spricht Polizeihauptkommissar Seebacher. Wir bitten alle Freiburger und Frankfurter Zuschauer, sofort jede Art von Gewalt einzustellen und ruhig und geordnet das Stadion zu verlassen. Wir haben alles unter Kontrolle und bitten Sie eindringlich darum, die Anweisungen von Polizei und Ordnungspersonal zu befolgen. Ab sofort wird jeder, der seine Feindseligkeiten nicht einstellt, festgenommen. Wir wünschen Ihnen einen guten und sicheren Nachhauseweg. Vielen Dank.“

Er überließ einem der Techniker das Mikrofon, dann wandte sich der Kommissar dem Stadionsprecher zu.
„Also, Herr Stadelmann. Dann wollen wir mal“, knurrte er, packte den Mann am Kragen und zog ihn hoch. Draußen nahmen ihn herbeigeeilte Zivilbeamte in Empfang und Seebacher blickte noch einmal über die Tribünen.
Jetzt, da niemand mehr die Stimmung über die Lautsprecher anheizte und im Gegenteil die kurze Ansprache von eben offensichtlich Wirkung zeigte, war es schon etwas ruhiger geworden. Über Funk kamen mehr und mehr beruhigende Meldungen.
Seebacher überlegte, ob die Sache jetzt vorbei war, und dann fiel ihm siedend heiß ein, dass unten ja noch die Pressekonferenz stattfand, und auch Jogi Löw und die Bombe kamen ihm wieder in den Sinn.
„Ist der Bundestrainer noch im Stadion?“, fragte er in sein Funkgerät.
„Er steigt gerade in seinen Wagen, hinten auf dem Stadionparkplatz. Was ihn betrifft, sind wir - glaube ich - aus dem Schneider“, kam die prompte Antwort des Zivilbeamten.
„Sehr gut. Vielen Dank!“, erwiderte Seebacher erleichtert, während er sich in Richtung Pressekonferenz auf den Weg machte.
„Norbert, wie ist die Lage?“
„Bei mir hat sich’s schon etwas beruhigt. Der Bereich um die beiden Toten ist weiträumig abgesperrt und die Letzten verlassen gerade friedlich die Tribüne“, war Norberts kurzer Lagebericht.

„Jogi Löw ist eben weggefahren, das Thema ist also durch. Wie sieht's mit der Bombe auf der Osttribüne aus?"
„Das Spezialteam ist gerade an der Litfaßsäule zugange", schaltete sich der Zivilbeamte auf Ost ein.
„Ok, ich gehe jetzt hinunter zur Pressekonferenz, und wenn's bei dir geht, Norbert, kannst du auch dorthin kommen. Wie ist es zu den beiden Todesopfern gekommen?", fuhr Seebacher fort.
„Ich hab's mit eigenen Augen gesehen", berichtete Norbert. „Diese Rotgefärbte rief mit entblößter Brust die Fans zum Kampf auf. Hätte die noch die Trikolore in den Händen gehabt, dann hätte es ausgesehen wie das Gemälde von Delacroix von der Freiheit, die das Volk führt. Ihr Aufruf hatte auch Erfolg - mehr als sie es sich wahrscheinlich gewünscht hatte, denn der aufgebrachte Mob drängte mit einer solchen Macht nach, dass sie stürzte und sich auf einem Sitz zwei Reihen weiter unten das Genick brach. Auch den Fan direkt hinter ihr hat es erwischt. Er verlor ebenfalls das Gleichgewicht, stürzte und wurde von der abgebrochenen Rückenlehne aufgespießt."
„Keine beabsichtigte Fremdeinwirkung einer einzelnen Person?"
„Nein, ganz sicher nicht", erwiderte Norbert.
„Wir sehen uns auf jeden Fall noch die Kamerabilder hierzu an", erwiderte Seebacher. „Ich will, wenn hier nichts mehr passiert, später noch ins Präsidium und Stadelmann vernehmen. Der hatte mit seinen Durchsagen großen Anteil an den Ausschreitungen und wird dafür zur Verantwortung gezogen. Also, bis gleich in der Pressekonferenz", beendete Seebacher das Gespräch und zog das Handy heraus.

„Dani, wie sieht es bei dir aus?“
„Hier im Käfig alles klar. Die Fans wurden hinauseskortiert, einige Festnahmen und ein paar blutige Nasen, aber sonst alles im grünen Bereich. Die Kollegen haben das hier mit schlagenden Argumenten sehr schnell in den Griff bekommen. Da muss ich wirklich den Hut ziehen.“
„Gut, ich bin gerade unterwegs zur PK. Komm am besten auch gleich rüber. Bis gleich“, erwiderte Seebacher und legte auf.
Er war jetzt beim Konferenzraum angekommen, wo schon die Stellungnahmen der Trainer liefen.
Was das Spiel betraf, waren sie unterschiedlicher Meinung. Armin Veh fand das Siegtor der Freiburger in letzter Sekunde ungerecht, Christian Streich sprach von „verdientem und erarbeitetem Glück“. Einig waren sich aber beide Trainer in Bezug auf die Gewalt auf den Rängen. Die große Aggressivität der Fans beider Teams war niemandem verborgen geblieben und wurde von den Trainern einhellig verurteilt.

Norbert und Daniele trafen kurz darauf ebenfalls in der Pressekonferenz ein, und da jetzt die üblichen Fragen kamen, wie: „Wie stellen Sie Ihre Spieler nun auf die nächste Begegnung gegen diesen oder jenen Gegner ein?“, oder: „War es richtig, den Spieler X trotz seiner Jugend schon in die Bundesligamannschaft aufzunehmen?“, flüsterte Seebacher seinen beiden Assistenten zu:
„Bleibt bitte hier, bis die Trainer weg sind, nicht dass da noch etwas passiert. Ich fahre hinunter ins Präsidium und knöpfe mir den Stadionsprecher vor.“

20
Verhör, neunzehn Uhr zehn

Er hatte Stadelmann in den Verhörraum bringen lassen und beobachtete ihn durch die verspiegelte Scheibe von draußen. Der Mann saß reglos am Tisch in der Mitte des Raumes, nur die Lippen bewegten sich leicht. Seebacher hatte den Eindruck, dass er mit sich selbst sprach. Immer wieder ballte Stadelmann die Faust und seine Knöchel traten weiß hervor.
Der Kommissar schaltete auf volle Lautstärke und nun hörte er tatsächlich ein Gemurmel. Er verstand aber nur einige Fetzen der geflüsterten Worte: „ ..hoffe - ….erwischt ….Frie…“, glaubte er zu hören.
Doch dann verstummte das Gemurmel. Seebacher wartete noch einen Moment, da Stadelmanns Monolog aber beendet schien, öffnete er die Tür und trat ein.
Er setzte sich Stadelmann gegenüber an den Tisch und drückte auf einen Knopf in dem schwarzen Kästchen vor ihm.
„Verhör Florian Stadelmann, Samstag, 28.September 2013, neunzehn Uhr zehn“, diktierte er geschäftsmäßig ins Mikrofon, dann sah er Stadelmann abwartend an.
Der verschränkte die Arme vor der Brust und blickte genauso abwartend zurück.
Seebacher musterte den Stadionsprecher und wieder fielen ihm die weichen, eigentlich sehr sympathischen Gesichtszüge auf. Irgendwie machte ihn dieses Gesicht traurig und auf einmal wurde ihm klar, dass es die reine Melancholie war, die ihn aus diesen Augen ansah. Leise begann er:

„Herr Stadelmann, Sie haben Ihre Kollegen in der Sprecherkabine mit der Waffe bedroht und mit Ihren Durchsagen massiv die Aggressivität im Stadion gefördert, was zunächst zu Verletzten und am Ende sogar zu Todesopfern geführt hat. Was haben Sie dazu zu sagen?"

„Im Moment kann ich nur sagen, dass es mir leid tut. Das muss eine Kurzschlusshandlung gewesen sein. Ich hatte mich einfach nicht mehr in der Gewalt."

Seebacher hatte weder den Eindruck, dass es Stadelmann leid tat, noch dass seine Behauptung zutraf, das Ganze sei eine Kurzschlusshandlung gewesen.

„Die Tatsache, dass Sie im richtigen Moment eine Waffe zur Hand hatten, lässt Ihre Kurzschlusstheorie nicht sehr glaubhaft erscheinen. Da geben Sie mir doch Recht, oder?", entgegnete er.

„Wenn ich den Stadionsprecher vertreten musste, habe ich immer eine Waffe ins Stadion geschmuggelt. Das brauche ich, um meine panische Angst vor den Massen in den Griff zu bekommen", erklärte Stadelmann.

„Angenommen, es wäre tatsächlich eine Kurzschlusshandlung gewesen: Spätestens als Sie Ihre Kollegen bedrohten, musste Ihnen doch klar werden, dass Sie ein Verbrechen begehen. Spätestens jetzt mussten Sie doch Zweifel an dem bekommen, was Sie da taten. Dem war aber nicht so, denn als Sie mich bemerkten, zögerten Sie nicht, mich anzugreifen, und wahrscheinlich hätten Sie sogar auf mich geschossen, wenn ich nicht schneller gewesen wäre", führte Seebacher seinen Gedanken fort.

„Deshalb kann ich es mir ja auch nur mit einer Kurzschlusshandlung erklären“, beharrte Stadelmann auf seiner Aussage.
Seebacher blickte ihm lange in die klaren, hellen Augen, dann wechselte er die Strategie.
„Wie kommt es, dass jemand wie Sie, der sich ständig mit Fußballfans beschäftigt, so einen Hass auf Fans hat? Das passt irgendwie nicht recht zusammen.“
Mit einer schnellen Bewegung fasste sich Stadelmann an die Unterlippe und schien zu überlegen. Es dauerte eine ganze Weile, bis er antwortete: „Vielleicht liegt es gerade daran, d a s s ich so viel mit dieser Art von Menschen zu tun habe. Sie sind doch bestimmt auf Verbrecher auch nicht besonders gut zu sprechen, mit denen Sie täglich zu tun haben, oder?“
„Mein Job ist es, Verbrecher zu fangen, Ihrer ist es, mit den Fans zusammenzuarbeiten. Also bleibt die Frage: Wieso dieser Hass auf Fußballfans? Oder ist es Hass auf Frankfurter Fußballfans?“, entgegnete Seebacher.
Jetzt, da er es aussprach, war sich der Kommissar plötzlich sicher, dass es genau das war: Der Mann hatte einen Hass auf die Fans der Eintracht.
„Haben Sie den anonymen Brief geschrieben?“, setzte er nach.
Stadelmann drehte den Kopf zur Seite, sah auf die Wand und erwiderte: „Was für einen anonymen Brief?“
„Gut, wenn Sie nicht kooperieren, setzen wir unser Gespräch später fort“, schloss Seebacher vorerst die Vernehmung und erhob sich. Er nickte dem Beamten in der Ecke zu, worauf dieser zu Stadelmann trat und ihn mit hinaus nahm.

Der Stadionsprecher war gerade zur einen Tür hinaus, als Daniele und Norbert durch die andere hereinkamen. Seebacher schaute nicht sehr glücklich, weshalb Daniele meinte:
„Nimm's nicht so schwer, Chef. Es hätte viel schlimmer ausgehen können. Für die beiden Todesopfer können wir wirklich nichts. Das war ein Unfall, kein Mord. Hätte in jedem Spiel passieren können."
„Mein Gefühl sagt mir etwas anderes. Stadelmann hatte es auf die Frankfurter Fans abgesehen. Ob er genau diese beiden im Visier hatte, weiß ich noch nicht, aber er hat sehr zielorientiert gearbeitet. Ich glaube auch, dass er der anonyme Briefschreiber ist."
Seine Assistenten sahen ihn verdutzt an.
„Und was machen wir jetzt?", fragte Norbert.
„Jetzt holen wir zuerst einmal den Kerl, der den Bundestrainer erdrosseln wollte, und hören uns an, was der zu sagen hat", erklärte Seebacher.
Daniele nahm den Hörer vom Telefon auf dem Tisch und wählte eine Nummer.
„Dicasa hier, könnt ihr bitte diesen Joachim Weller in den Verhörraum eins bringen? Vielen Dank."

„Verhör Joachim Weller, Samstag, 28. September 2013, neunzehn Uhr fünfunddreißig", sprach Seebacher in das Kästchen, dann wandte er sich an Weller.
„Sie wurden heute bei dem Versuch festgenommen, den Bundestrainer zu erdrosseln. Was haben Sie dazu zu sagen?"
Daniele und Norbert standen draußen hinter dem Spiegel und beobachteten das Geschehen.

Weller hatte, solange Seebacher sprach, mehrmals den Mund geöffnet und dabei die Mundwinkel nach hinten gezogen, sodass Seebacher glaubte, er würde lachen. Das tat er aber nicht. Seine buschigen schwarzen Augenbrauen zogen sich wie zu einem Gewitter zusammen, seine Rechte ergriff den über die Schulter nach vorne hängenden Pferdeschwanz und warf ihn zurück, wobei er mit tiefem Bass brummte:
„Ich habe nicht versucht, irgendjemanden zu erdrosseln! Ich habe vor Nervosität mit meinem Schnürsenkel rumgespielt, da packten mich plötzlich ein paar von Ihren tollwütigen Häschern, und jetzt sitze ich hier!"
„Es gibt zwei Zeugen, beide Polizisten, die Sie beobachtet haben und die beschwören werden, dass Sie Jogi Löw erdrosseln wollten. Was denken Sie, wie Ihre Chancen stehen, wenn Sie die Aussagen von zwei Polizisten gegen sich haben, die Sie das ganze Spiel über beobachtet haben?"
„Die haben mich....?", staunte Weller, „...das ganze Spiel über?"
„Ja genau. Das ganze Stadion wimmelte von Polizisten, weil für heute ein Attentat angekündigt worden war. Und Sie waren einer unserer ganz heißen Kandidaten", erklärte Seebacher.
„Davon hat er mir nichts gesagt", murmelte Weller vor sich hin.
„Davon hat Ihnen wer nichts gesagt?", fragte Seebacher so scharf, dass Weller zusammenzuckte.
„Ähm - der Mann."
„Welcher Mann? Los, sagen Sie schon!", bohrte Seebacher sofort nach.

Der Riese mit den massigen Schultern war offenbar deutlich weniger selbstsicher, als er nach außen hin wirkte.
„Ich weiß nicht. Kenne ihn nicht. Er kam in den ‚Schlappen' - ich bin abends oft im ‚Schlappen' - und fragte mich, ob ich an einer Freikarte für das Spiel gegen Frankfurt interessiert sei und obendrein noch einen Hunderter verdienen möchte. Da musste ich nicht lange überlegen und fragte, was ich dafür tun müsste", erklärte Weller.
„Und?"
„Er sagte mir, dass ich in genau diesen Klamotten…", er zeigte an seinem Tarnanzug hinab, „die hatte ich an dem Abend auch an, also genau so sollte ich ins Spiel gehen. Er erklärte mir, dass es im Stadion zu Schlägereien kommen würde, aber nicht auf der Haupttribüne, wo ich sitzen sollte, sondern auf der anderen Seite, in den gegnerischen Fanblocks."
„Woher wollte er das wissen?", hakte Seebacher nach.
„Keine Ahnung. Das habe ich ihn auch gefragt, aber er murmelte nur etwas von Insiderwissen oder so ähnlich."
„Und dann?"
„Er erklärte weiter, dass er zu einer Art interner Kontrollabteilung der Polizei gehört und dass ich sozusagen als Versuchskarnickel eingesetzt werden sollte. Mein Platz sei kein gewöhnlicher, sondern genau der hinter Bundestrainer Jogi Löw. Das fand ich natürlich wahnsinnig spannend!"
Seebacher nickte Weller aufmunternd zu und der sprach weiter:
„Wenn es zu den angekündigten Auseinandersetzungen kommen würde, sollte ich den Schnürsenkel aus meinem

Springerstiefel herausziehen. Er zeigte mir genau, wie ich ihn um die Hände zu wickeln hatte. Und dann sollte ich nur die Augen schließen, mit beiden Händen die Schnur vor der Brust ganz fest auseinanderziehen und so sitzen bleiben. Er sagte mir, dass damit die Aufmerksamkeit der Polizisten überprüft werden sollte. Sie würden mich sicher festnehmen, aber da ich ja nichts getan hätte, auch bald wieder laufen lassen. Damit hätte ich den Hunderter verdient."
„Und Sie haben eingewilligt?", fragte der Kommissar ungläubig.
Der andere verzog wieder den Mund, als lächle er, doch beim ersten Wort, das er sagte, waren die Mundwinkel wieder vorne.
„Erstens war das eine einfache Sache, nichts Gefährliches, und zweitens: Wissen Sie überhaupt, wie viel Geld hundert Euro für einen Arbeitslosen wie mich sind?"
Seebacher nickte.
„Er händigte mir die Eintrittskarte und fünfzig Euro aus, den Rest wollte er mir nach dem Spiel geben, wenn alles geklappt hätte."
„Haben Sie den Mann früher oder danach noch einmal gesehen?"
„Danach nicht mehr, früher schon. Er kam seit vielleicht vier Wochen öfter auf ein Bier in den ‚Schlappen'."
Wieder zog er die Mundwinkel nach hinten und öffnete leicht den Mund.
„Möchten Sie einen Kaffee?"
„Oh ja, bitte. Und darf man hier rauchen?"
„Rauchen ist leider verboten. Aber ich hole Ihnen gerne einen Kaffee. Milch - Zucker?"

„Ja, bitte. Kaffee schwäbisch - also alles rein, was nichts kostet!“

Jetzt lachte er wirklich, denn seine Mundwinkel sprangen zurück bis zu den Ohren.

Seebacher trat hinaus zu Norbert und Daniele.

„Norbert, druck mir bitte von der Verhöraufnahme mit Stadelmann ein Bild von ihm aus und bring es rein. Ich möchte Weller fragen, ob das der Mann im ‚Schlappen‘ war.“

Norbert nickte und trottete davon, während Seebacher einen Kaffee aus dem Automaten ließ.

„Der Mann kam also öfter in den Schlappen“, eröffnete Seebacher die zweite Runde, während Weller an seinem Kaffee nippte.

„Ja“, erwiderte der.

„Und haben Sie auch vorher schon mal mit ihm gesprochen?“

„Ein, zwei Mal sind wir ins Gespräch gekommen. Er hat mir ein Bier ausgegeben und wir haben uns über alles Mögliche unterhalten.“

„Wissen Sie noch, worum es in den Unterhaltungen ging?“

„Beim ersten Mal - ich saß mit einem Kumpel an der Bar - schaltete er sich irgendwie ins Gespräch ein und von da an begrüßte er mich immer schon, wenn er in die Kneipe hereinkam.“

„Hat er sich Ihnen vorgestellt?“

„Ja, schon am ersten Abend sagte ich zu ihm, dass ich der Joe bin, und er sagte, sein Name sei Bo. Das weiß ich noch, weil wir es so lustig fanden, dass sich unsere Namen reimen."

Norbert kam herein, reichte Seebacher wortlos ein Blatt Papier und verschwand wieder. Der Kommissar legte das Blatt mit dem Bild Stadelmanns auf den Tisch und schob es zu Weller hinüber.

„Ist das der Mann?", fragte er gespannt.

Weller sah auf das Blatt und seine Mundwinkel zogen sich nach hinten. Wieder dachte Seebacher, er würde jetzt anfangen zu lachen, aber genauso plötzlich kamen die Mundwinkel zurück, die Lippen schlossen sich und Weller sagte: „Ja, das ist Bo."

„Ich unterhalte mich jetzt noch mit dem Taschenableger und komme dann ins Büro hoch. Schaut inzwischen bitte nach, was ihr über Stadelmann auf die Schnelle herausfinden könnt", instruierte Seebacher seine Assistenten, nachdem er Weller hatte gehen lassen. Es war schon kurz vor zwanzig Uhr und sie tranken einen Kaffee auf dem Flur, weil sich doch langsam die Müdigkeit bemerkbar machte.

„Verhör Klaus Brenner, Samstag, 28. September 2013, neunzehn Uhr fünfundfünfzig", begann Seebacher auch diese Vernehmung, bevor er Brenner direkt ansprach.

„Herr Brenner, Sie wurden heute festgenommen, weil Sie eine Tasche in eine der Litfaßsäulen am Treppenabgang der Osttribüne geworfen haben."

Brenner, ein pausbäckiger Mittvierziger mit flinken grauen Schweinsaugen und rotblondem Haar, das in glänzenden Strähnen auf den speckigen Kragen seiner Kunstlederjacke

fiel, grinste den Kommissar schräg an, während er unentwegt blinzelte.
„Sieht so aus“, erwiderte er mit schnarrender Stimme. „Und ich finde es ein bisschen übertrieben, mich deshalb gleich einzubuchten, oder? So schlimm war das auch wieder nicht!“
Während er sprach, legte er die Hände mit dem Rücken auf den Tisch. Die nach oben weisenden Handinnenflächen sollten wohl seine Unschuld unterstreichen. Zum Schluss drehte er die Hände um, womit er die Richtigkeit seiner Feststellung bekräftigte, dass das ja wohl keine Straftat sei.
Seebacher, von der Gestik wenig beeindruckt, fielen die unappetitlichen Hände Brenners auf. Seine Fingernägel waren ausgerissen und schmutzig, die Fingerspitzen gelb vom Rauchen und die Handaußenseiten voller kleiner, braunroter Flecken. Jetzt kam auch ein Schwall des unangenehmen Körpergeruches von seinem Gegenüber herübergeweht und unwillkürlich drehte sich der Kommissar ein wenig zur Seite.
„Kommt darauf an, wie man es sieht“, erklärte er. „Sie stehen im Verdacht, eine strafbare Handlung vorgetäuscht zu haben. In der Tasche hätte sich ja eine Bombe befinden können.“
„Hätte! Könnte! Würde!“, rief Brenner aus und sein Blinzeln wurde stärker. „Hat aber nicht!“
„Richtig. Dann erklären Sie mir mal, warum Sie die Tasche da hineingeworfen haben. Vielleicht können Sie den Verdacht der Vortäuschung einer Straftat ja entkräften.“
„Da war nur ein alter Pulli drin, den ich loswerden wollte. Hatte keine Lust, ihn wieder nach Hause zu tragen.“

„Und wieso haben Sie heute, bei Temperaturen um die 20 Grad, überhaupt einen Pullover ins Stadion mitgenommen?"
„Ich habe Probleme mit dem Rücken und das Schlimmste ist, wenn er auskühlt. Und um diese Jahreszeit kann es schon mal frisch werden im Stadion."
„Aha, aber nach dem Spiel wollten Sie ihn auf einmal nicht mehr und dann haben sie ihn einfach entsorgt?"
„Ja", kam die kurze Antwort. Dabei verschränkte er die Arme und sah Seebacher streitlustig an. Sein Blinzeln hatte wieder etwas nachgelassen.
Der Kommissar schien zu überlegen, denn er blickte lange über den Kopf seines Gesprächspartners hinweg an die Decke, ohne etwas zu sagen.
„Was machen Sie eigentlich beruflich Herr Brenner?", wechselte er das Thema.
„Ich bin Gipsermeister bei der Firma Weiss - ein Bauunternehmer in Emmendingen - warum?"
„Nun ja, ich frage mich, wie das aussieht, wenn ein Gipsermeister in seiner Firma Polizeibesuch bekommt - und das ist beim aktuellen Stand der Dinge durchaus möglich, denn wir haben einen anonymen Brief bekommen, der uns vermuten ließ, dass jemand ein Bombenattentat plant. Und jemand, der wie Sie genau zu dem angekündigten Zeitpunkt eine Tasche im Stadion ablegt, so wie man eine Bombe deponiert, der ist höchst verdächtig. Das kann nämlich kein Zufall sein."
Brenners Blinzeln war jetzt wieder deutlich stärker geworden.

„Und deshalb werden wir, wenn Sie jetzt nicht dazu bereit sind, in nächster Zeit sicher noch die eine oder andere Frage an Sie haben und bei Ihnen vorbeischauen müssen."
„Aber ich bin unschuldig!", rief Brenner und Seebacher überlegte, ob man eigentlich auch einen Krampf in den Augenlidmuskeln bekommen kann.
„Das Problem ist, dass ich Ihnen nicht glaube. Sie erzählen mir irgendwelchen Unsinn und denken wahrscheinlich auch noch, ich nehme Ihnen das ab. Ist Ihnen klar, dass es im Stadion zwei Todesfälle gegeben hat und wir hier nicht wegen irgendeiner Lappalie ermitteln?", entgegnete Seebacher. Er war lauter geworden und hatte sich, die Hände auf die Tischplatte gestützt, zu Brenner hinübergebeugt, so dass dieser ungewollt zurückwich.
„Ich habe nichts mit Todesfällen zu tun. Ich habe nur…."
Er stockte.
„Sie haben nur was…?", hakte der Kommissar ein.
Kurz überlegte er noch, dann fuhr Brenner fort:
„Also gut - irgendwann bekommen Sie es sowieso heraus: Es war ein Test."
Seebachers Augenbrauen gingen in die Höhe.
„Ein Test! Aha - und was war das für ein Test?"
Während er das sagte, hatte sich Seebacher wieder auf seinen Stuhl niedergelassen.
„Ich sollte das mit der Tasche machen und dabei möglichst auffällig unauffällig sein."
Bei diesen Worten fuhr er sich mit den gelben Fingerspitzen und den Fingernägeln mit Trauerrändern durchs rote Fetthaar, wobei seine Jacke knarrende Geräusche von sich gab.

„Wie meinen Sie das?“
„Nun - ich sollte die Tasche auffällig vor meinem Bauch tragen, so als sei etwas Wertvolles drin, ständig um mich schauen und dann eine Weile auf der Treppe stehen, bevor ich die Tasche in die Werbesäule werfe“, erklärte Brenner.
„Und wer hat Ihnen das aufgetragen?“
„Ich weiß nicht, wie der Mann heißt. Er hat mich in der ‚Kölner Botschaft‘ angesprochen. Das ist eine Kneipe in der Garten…“
„Ich kenne die ‚Kölner Botschaft‘“, unterbrach ihn Seebacher. „Aus welchem Grund sollten Sie das machen?“
„Er erklärte mir, dass er bei der Stadt arbeitet und für Sicherheitsfragen an öffentlichen Plätzen zuständig ist. Es solle getestet werden, wie aufmerksam sowohl die Polizei als auch das zivile Wachpersonal im Stadion ist. Er erklärte mir, dass ich nur einen alten Pulli in eine Tasche stecken und diese dann in die Werbesäule werfen müsse. Um den Sicherheitskräften überhaupt eine Chance zu geben, auf mich aufmerksam zu werden, sollte ich mich nicht übertrieben, aber doch ein bisschen auffällig benehmen. Also die Tasche auffällig tragen, mich immer wieder umdrehen und so.“
„Hat sich der Mann ausgewiesen?“
„Nein. Er hatte aus den Gesprächen, die ich mit Kumpels an der Theke führte, mitbekommen, dass ich eine Dauerkarte auf der Gegengerade habe, und hat mich dann angesprochen. Er sagte, ich könnte auf diese Weise leicht hundert Euro verdienen, ich müsse ihm nur eine Quittung unterschreiben.“
Brenner sah Seebacher hilfesuchend an.

„Da war wirklich nichts Verdächtiges dabei, verstehen Sie? Er wollte sogar eine Quittung!“
Seebacher nickte, zog das Bild Stadelmanns aus der Tasche und schob es Brenner hin.
„War das der Mann, der Sie angesprochen hat?“
Brenner sah nur kurz auf das Blatt.
„Ja, das ist er.“

Um zwanzig Uhr zehn trat Seebacher ins Büro.
„Also Jungs, was habt Ihr über Stadelmann herausbekommen?“
Norbert und Daniele drehten sich in ihren Stühlen zu ihm um und Norbert begann:
„Stadelmann war einmal verheiratet und hatte eine Tochter. Sie wurde 2004 nach einem Fußballspiel der Frankfurter Eintracht gegen den HSV von Frankfurter Fans angepöbelt, weil sie einen HSV-Schal trug, und dann vergewaltigt. Die Vergewaltiger kamen nach vier beziehungsweise fünf Jahren wieder raus und müssen dem Mädchen nachgestellt haben. Jedenfalls hat sie eines Abends im Park ein Mann bedroht, was von einem Zeugen beobachtet wurde, und am nächsten Morgen wurde sie tot am Mainufer gefunden. Sehr wahrscheinlich Selbstmord.“
Ob es von dem aufreibenden Tag kam oder ob ihn einfach die Vorstellung, dass das eine seiner Töchter hätte sein können, fertigmachte, wusste er nicht. Jedenfalls wurde Seebacher schlecht und er musste sich erst einmal hinsetzen.
Norbert sah, dass sein Chef ganz blass geworden war, und brachte ihm ein Glas Wasser. Nach einer Weile ging es Seebacher wieder besser.

„Jetzt verstehe ich auch diese Traurigkeit in Stadelmanns Gesicht“, sagte er mehr zu sich selbst. Dann sah er Norbert an und fragte: „Das heißt, Stadelmann hat einen Rachefeldzug stellvertretend gegen die Frankfurt-Fans geführt?“
„Nicht stellvertretend. Das Interessanteste kommt erst noch. Der Tote aus dem Stadion heißt Manfred Kiefer, bei seinen Kumpels, die festgenommen wurden, auch Freddy genannt. Und genau dieser Freddy und seine Kumpels haben damals Stadelmanns Tochter vergewaltigt.“
Mit offenem Mund ließ sich Seebacher in seinen Stuhl fallen und starrte Norbert an.
„Aber ein Stadionsprecher kann nicht von der einen Stadionseite aus, nur übers Mikro, so gezielt einen Unfall auf der anderen Seite der Arena provozieren. Einen Unfall, der exakt die Peiniger seiner Tochter tötet“, erwiderte er völlig entgeistert.
„Ich weiß nicht, wie er es gemacht hat, aber es hat genau den Anführer der Truppe erwischt, von dem auch vermutet wird, dass er Stadelmanns Tochter am Tag ihres Todes in einem Park bedroht hat. Es gab einen Zeugen, der an dem Abend beobachtete, wie ein Mann das Mädchen belästigte. Da der Fremde aber bald weiterging, konnte ihn der Zeuge nicht genau genug beschreiben. Der Verdacht blieb zwar, konnte aber nicht erhärtet werden, da Kiefers Kumpane bezeugten, dass er den ganzen Abend im Lokal seines Fanclubs gewesen sei und mit ihnen gezecht hatte.“
„Und die andere tote Frankfurterin? Was hat die mit dem Fall zu tun?“

„Sie heißt Angela Warb, Mitglied im Fanclub, aber ansonsten ein unbeschriebenes Blatt. Keine Vorstrafen, völlig unauffällige Existenz. Viel mehr konnten wir über sie in der kurzen Zeit nicht herausfinden“, erklärte Daniele und hob wie zur Entschuldigung die Schultern.

21
20 Uhr dreißig

Stadelmann saß ihm wieder gegenüber und Seebacher hatte den Eindruck, dass der Stadionsprecher jetzt nervöser war als noch vor einer Stunde.

„Herr Stadelmann, wollen Sie nicht langsam mit der Wahrheit herausrücken? Die Geschichte mit dem Verlust der Kontrolle über sich selbst nehme ich Ihnen nicht ab", versuchte er erneut, den Mann zum Reden zu bewegen.

Stadelmann sah den Kommissar mit wachem Blick aus seinen großen blauen Augen an.

„Ich habe die ganze Zeit darüber nachgedacht, bin aber keinen Schritt weitergekommen. Ich kann mir nicht erklären, warum ich auf einmal so durchgedreht bin."

„Jetzt passen Sie mal auf!", rief Seebacher und schlug mit der flachen Hand auf den Tisch, dass Stadelmann erschrocken aufsah.

„Sie können sich Ihr Theater sparen! Erstens haben wir die Aussagen von zwei Personen, die Sie zweifelsfrei erkannt haben. Sie haben die beiden dazu angestiftet, sich im Stadion verdächtig zu benehmen, mit dem Ziel, von sich selbst abzulenken. Die Aufmerksamkeit von Polizei und Security sollte möglichst lange dem Publikum und den von Ihnen angeheuerten Pseudoterroristen gelten. Eine wirklich gute Idee, das mit der Bombenattrappe und dem fingierten Anschlag auf den Bundestrainer. Das hat auch lange funktioniert - viel zu lange..."

Seebacher fixierte Stadelmann, doch der reagierte nicht und hielt dem Blick gelassen stand.

„Ich weiß auch, dass Sie vor Jahren Ihre Tochter verloren haben, nachdem sie von Frankfurter Fans vergewaltigt worden war."
Als er dies sagte, entdeckte Seebacher zum ersten Mal ein kurzes Zucken in Stadelmanns Gesicht - ein schmerzhaftes Zucken.
„Ich habe selbst zwei Töchter und kann mir nur zu gut vorstellen, dass man als Vater in so einem Fall auf Rache sinnt. Aber doch nicht in einem vollbesetzten Stadion! Ist Ihnen eigentlich klar, was alles hätte passieren können? Man könnte beinahe sagen: Gott sei Dank - Gott sei Dank sind nur zwei Personen ums Leben gekommen! Es hätten auch Hunderte sein können. Aber es blieb bei zwei Todesopfern und ein paar Leichtverletzten."
Er beobachtete Stadelmann scharf, als er dies sagte, und sah sehr wohl das kurze Lächeln, das über dessen Gesicht huschte. Jetzt war sich Seebacher sicher, dass alles von A bis Z geplant gewesen war. Stadelmann fing sich aber sofort wieder und heuchelte den Geschockten.
„Das habe ich nicht gewollt, wirklich nicht!", rief er aus.
„Und genau das glaube ich Ihnen nicht. Es ist sicher auch kein Zufall, dass der Frankfurter Fan, der getötet wurde, Manfred Kiefer hieß", fuhr der Kommissar fort.
Jetzt konnte Stadelmann ein Lächeln nicht mehr unterdrücken und sah vor sich auf die Tischplatte, um dem Kommissar nicht in die Augen schauen zu müssen.
Seebacher wusste nicht, wer das zweite Opfer war, doch in diesem Augenblick hatte er plötzlich eine Idee.
„Und diese rothaarige Angela Warb, kannten Sie die auch von früher?"

„Wieso, was ist mit ihr?"
Stadelmann hatte seine Hände vom Tisch genommen, vor sich in den Schoß gelegt und sah Seebacher an. Seine Augen hatten plötzlich etwas Starres. Eine Mischung aus Schreck, Angst und Entschlossenheit blickte Seebacher da entgegen. Der Körper des Mannes schien zusammengezogen und verkrampft.
„Sie ist das zweite Opfer", erklärte Seebacher und konnte mit ansehen, wie Stadelmann regelrecht auf seinem Stuhl zusammensank.
„Nein!", flüsterte der Stadionsprecher und bekam Tränen in die Augen.
„Wer war Angela Warb?", fragte Seebacher.
Es dauerte wieder eine Weile, bis Stadelmann den Kommissar mit tränenverhangenem Blick ansah und antwortete: „Meine Frau."
Das musste Seebacher erst einmal verdauen. Er lehnte sich zurück und sah Stadelmann lange forschend an. Nach einer Weile fuhr er fort:
„Sie haben das alles gemeinsam geplant und ausgeführt?"
„Mit Melanies Tod war auch unser Leben zerstört. Meine Frau wollte sich mehrmals umbringen und ich vegetierte nur noch so vor mich hin. Als ich dann an einem Wochenende Frankfurter Fans durch die Innenstadt ziehen sah, entdeckte ich auch diesen Freddy. Das ist eins von den Schweinen, die Melanie vergewaltigt haben. Und ich bin sicher, dass er es auch war, der meine Tochter im Park bedroht hat, worauf sie sich das Leben nahm. Ich sah, wie er mit seinen Kumpels rumgrölte und viel Spaß hatte, und da überkam mich eine unbändige Wut. Dieses Erlebnis riss mich aus meiner

Lethargie heraus. Ich ging nach Hause und sagte zu Angela, dass wir es diesen Dreckskerlen heimzahlen würden. Und so schmiedeten wir einen Plan, der immer ausgeklügelter wurde. Wir ließen uns scheiden und Angela nahm wieder ihren Mädchennamen an. Dann trat sie in den Frankfurter Fanclub ein und ich bemühte mich um einen Job bei verschiedenen Bundesligavereinen. Alles klappte wunderbar. Angela freundete sich mit den Mördern unserer Tochter an und ich bekam den Job hier in Freiburg. Wir lasen beide sehr viel über Psychologie, vor allem über Massenpsychologie, und entwickelten eine Strategie, um die Stimmung im ganzen Stadion, vor allem aber im Frankfurter Fanblock, so weit aufzuheizen, dass es krachen musste. Die Schwierigkeit bestand darin, das Ganze so zu steuern, dass sich die Gewalt am Ende auf einen sehr kleinen Bereich beschränkt. So hatte Angela zum Beispiel die Idee, die Vergewaltiger unserer Tochter, die nach wie vor eine eigene Clique in der Frankfurter Fangemeinde bildeten, vom Rest zu isolieren. Dadurch, so hatte sie gelesen, kann man das Aggressionspotential einer Untergruppe enorm steigern. Man grenzt einige Personen aus. Die sind dann natürlich sauer, aber ihre Wut richtet sich nicht etwa gegen die eigenen Leute, sondern gegen den Feind, also die SC-Fans - und zwar sehr viel stärker, als das im Gruppenverband der Fall gewesen wäre. Sie hat also diese Schweine überredet oder besser gesagt, schon fast gezwungen, diesmal nicht im Käfig bei den Ultras zu stehen, sondern auf der Gegengerade im Frankfurter Block zu sitzen. Dort war es auch leichter, die Freiburger anzugreifen, denn an der Stelle sind die beiden gegnerischen Gruppen auf Tuchfühlung. Wir nannten

die ganze Aktion „Ouvertüre“, denn mit ihr wollten wir uns die Möglichkeit eröffnen, wieder zu einem halbwegs normalen Leben zurückzufinden. Der furiose Schlussteil unseres Stückes sollte durch ein Stichwort, quasi einen Akkord, eingeleitet werden, und dieses Stichwort war ‚schäbige Frankfurt-Fans‘. Als ich das ins Mikrofon geschrien hatte, wusste Angela, dass die Schranken gefallen waren. Wir hatten unglaubliches Glück, denn die Tatsache, dass der SC kurz vor Schluss noch den Siegtreffer erzielte, steigerte die Wut der Frankfurter, was unserem Vorhaben natürlich sehr entgegenkam. Uns war klar, dass es von diesem Moment an schnell gehen musste, denn meine Hetzkampagne über die Lautsprecher würde sicher bald bemerkt werden und wir mussten die Lawine bis dahin ins Rollen gebracht haben. Ich schrie meinen Hass also über die Lautsprecher ins Stadion hinaus und Angela, so war der Plan, sollte jetzt sämtliche Register ziehen, um die Frankfurter aufzuhetzen. Offenbar hat sie das sehr gut gemacht, denn wir haben zumindest den Anführer der Schweine erwischt.“
Seebacher starrte Stadelmann eine Weile fassungslos an, ehe er sich sammeln konnte.
„Und weshalb haben Sie Ihr Verbrechen bei der Polizei angekündigt?“, fragte er.
Erstaunt blickte ihn Stadelmann an.
„Ich dachte, das sei Ihnen mittlerweile aufgegangen. Mir war klar, dass die Sicherheitsvorkehrungen im Stadion nach diesem Schreiben verschärft würden und es dadurch zu Verzögerungen beim Eintritt und folglich zur Verärgerung der Stadionbesucher kommen würde. Und genau das war

unser Ziel. Wir wollten eine gereizte Grundstimmung von Anfang an erzeugen. Deshalb auch die Geschichte mit Sebastian Bühler."

„Wieso, was ist mit Bühler?"

„Dass der sich kurz vor dem Spiel geoutet hat, war kein Zufall. Ich kenne den Jungen besser als jeder andere beim SC und war der Einzige im Verein, der wusste, dass Sebastian schwul ist. Er erzählte es mir einmal bei einem Bier. Außer seinem Freund gab es niemanden, mit dem er darüber sprechen konnte. Nicht einmal seine Familie wusste es. Oft kam er zu mir und sagte, er wolle sich outen, aber ich habe ihn so lange davon abgehalten, bis der richtige Zeitpunkt gekommen war. Mir war klar, dass ein schwuler Spieler am Ende das Fass zum Überlaufen bringen könnte, und diese Karte wollte ich auf jeden Fall ausspielen. Ich konnte ja nicht ahnen, dass der Junge auch noch den Ausgleichstreffer erzielen würde. Da ist wirklich vieles optimal zusammengelaufen."

Lächelnd lehnte er sich in seinem Stuhl zurück und fuhr fort:

„Hat doch wunderbar funktioniert, finden Sie nicht?"

Seebacher ging nicht auf die Frage ein. Er überlegte, wie Stadelmann sagen konnte, es habe wunderbar funktioniert, obwohl seine Frau bei der Aktion ums Leben gekommen war. Doch darauf wollte er später zurückkomme. Seine nächste Frage zielte zunächst in eine andere Richtung:

„Wie können Sie einen Menschen, der Sie mit Sicherheit als Freund betrachtet hat, als Vertrauten, wie können Sie so einen Jungen derart für Ihre Zwecke missbrauchen?"

„Angela und ich, wir hatten keine Freunde mehr seit Melanies Tod. Wir waren niemandem verpflichtet, uns stand niemand nahe und solche Dinge wie Moral oder Anstand waren uns völlig gleichgültig. Sie spielten einfach keine Rolle mehr."

Seebacher sah ihn entgeistert an und schüttelte verständnislos den Kopf.

„Und wie haben Sie es geschafft, genau im Spiel gegen Frankfurt als dritter Stadionsprecher zum Zuge zu kommen?"

„Das war zum Teil Glück und zum Teil habe ich ein bisschen nachgeholfen. Glück war, dass der zweite Sprecher eine Klassenfahrt hatte. So musste ich nur noch Claus Köhne außer Gefecht setzen, was aber nicht sonderlich schwierig war. Ich wusste ja, dass er am Vorabend des Spiels immer im Stadion ist, und da habe ich ihm gestern einfach einen kleinen Cocktail in den Kaffee geschüttet. Wer das Zeug schluckt, kommt zwei Tage lang nicht mehr vom Topf herunter, das ist sicher."

Stadelmann war immer euphorischer geworden. Seine Augen glänzten stolz und auf seinem ganzen Gesicht lag der Ausdruck von Zufriedenheit.

„Und die Geschichte mit Patrick Bast war noch so eine gute Idee von Angela."

„Was hatte sie denn für eine Idee?"

„Nun, dieser Freddy erzählte Angela vor ein paar Wochen ganz stolz, dass er damals den Freiburger Fan mit dem Baseballschläger zum Krüppel geschlagen hatte. Und er gab damit an, dass sie den Bullen, wie er sich ausdrückte, ein Schnippchen geschlagen hatten. Sie waren nämlich von Freiburg aus schnurstracks ins Elsass hinüber und auf französischer Seite Richtung Norden gefahren. Sie kamen dann von Luxemburg her wieder nach Deutschland herein. Den Bus hatte die Schwester von einem der Kerle gemietet und die wartete an der Grenze, wo sie das Fahrzeug übernahm und zum Vermieter nach Wiesbaden zurückbrachte. Die anderen fuhren mit dem Auto der Schwester und einem zweiten, an der Grenze abgestellten Wagen in aller Seelenruhe heim nach Frankfurt. Angela hatte sofort die Idee, dass ein Hinweis auf dieses Verbrechen seine Wirkung bei der Polizei sicher nicht verfehlen würde. Und dann setzte sie noch eins drauf und stiftete eine Fangruppe an, am Spieltag vor dem Haus des Jungen auf und ab zu fahren."

Seebacher nickte.

„Und wie haben Sie die Adresse des damaligen Opfers herausgefunden?", wollte er wissen.

„Na, das war ganz einfach", erwiderte Stadelmann, immer noch ganz begeistert von der Planung des Vorhabens.

„Facebook - Sie wissen ja, man sagt, Facebook ist wie Stasi, nur auf freiwilliger Basis. Patrick Bast ist auch auf dem Portal unterwegs und es war ein Leichtes, alles Notwendige über ihn herauszubekommen."

Seebacher konnte es immer noch nicht fassen, dass ein bis zu dem Überfall auf ihre Tochter sicherlich unbescholtenes Paar eine Straftat so kaltblütig planen und umsetzen konnte.

„Ich fuhr dann in die Wiehre und habe mich davon überzeugt, dass der Junge immer noch dort wohnt", erklärte Stadelmann weiter.

„Herr Stadelmann, kann der Hass auf Menschen derart groß und dauerhaft sein, dass man ihn über so viele Jahre nicht mehr loswird? Ich kann das nicht glauben, selbst wenn dieser Hass auf so traurige Erlebnisse wie die Ihrigen zurückzuführen ist."

Stadelmann schüttelte langsam den Kopf und erklärte: „Aber es ist nicht Hass, der mich über die Jahre angetrieben hat, es ist Schmerz - unsagbarer Schmerz über den Verlust meiner Tochter und darüber, dass diese Kreaturen für ihren Tod niemals wirklich zur Rechenschaft gezogen wurden. Sie bekamen ein paar Jährchen für die Vergewaltigung. Dass sich Melanie später das Leben nahm, weil dieser Freddy sie nach Jahren wieder belästigte, konnte man ihm nicht nachweisen. Aber für uns war es eindeutig. Das war Mord und der einzige Weg, wie wir mit diesem Schmerz umgehen konnten, war die Planung dieser Aktion. Den Schmerz habe ich mir über die Jahre bewahrt, ihn gepflegt wie ein Pflänzchen. Der Hass wuchs aus diesem Schmerz heraus von ganz alleine. Ich habe mir immer wieder vorgestellt, was meine Tochter jetzt machen würde. Was für einen Freund hätte sie nach Hause gebracht, was hätte sie studiert? Wie wäre sie als Erwachsene geworden? Hätte sie Kinder bekommen? Oft habe ich den Schmerz auch ganz bewusst bis zur Unerträglichkeit hin verstärkt, indem ich traurige Lieder hörte. Kennen Sie ‚Der Weg', ‚Geboren um zu leben', ‚Tears in heaven' oder ‚Candle in the wind'?"

Seebacher nickte.

„Wenn wir uns diese Lieder anhörten, sind wir richtig in unseren Schmerz hineingetaucht, beinahe darin ertrunken. Das war die Triebfeder unseres auf sehr lange Zeit angelegten Vorhabens. Der Hass war ganz am Anfang da, wurde dann vom Schmerz komplett verdrängt und kam heute wieder hoch - mit aller Macht."

„Und dass dieses ‚Vorhaben‘ nun auch noch das Leben Ihrer Frau gekostet hat - was sagen Sie dazu?“
Stadelmann hatte bei dem Gedanken an seine Tochter Tränen in die Augen bekommen, aber jetzt schien er zu lächeln.
„Angela und ich, wir haben nur noch auf dieses Ereignis hingelebt, und dass sie heute - an dem Tag, an dem wir unser Ziel erreicht haben - starb, ist sicher in ihrem Sinn, auch wenn wir darüber nie gesprochen haben. Eigentlich sind wir beide mit unserer Tochter gestorben. Schade nur, dass ich noch lebe.“
Damit richtete er den Blick starr vor sich auf die Tischplatte und verstummte. Seebacher sah ihn lange an, wollte noch etwas fragen, aber dann erhob er sich mit fahlem Gesicht und verließ den Raum mit hängendem Kopf.